LA

# BANQUE DE FRANCE

DANS SES RAPPORTS

## AVEC LE CRÉDIT ET LA CIRCULATION

PAR

GUSTAVE MARQFOY

PARIS

GUILLAUMIN ET Cᵉ, LIBRAIRES

Éditeurs du Journal des Économistes, de la Collection des principaux Économistes,
du Dictionnaire de l'Économie politique, etc.,
rue Richelieu, 14.

1862

LA

# BANQUE DE FRANCE

DANS SES RAPPORTS

## AVEC LE CRÉDIT ET LA CIRCULATION.

# LA

# BANQUE DE FRANCE

DANS SES RAPPORTS

## AVEC LE CRÉDIT ET LA CIRCULATION

PAR

GUSTAVE MARQFOY

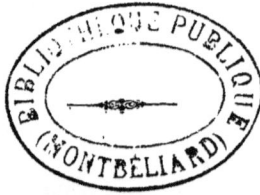

**PARIS**

GUILLAUMIN ET Cⁱᵉ, LIBRAIRES

Éditeurs du Journal des Économistes, de la Collection des principaux Économistes,
du Dictionnaire de l'Économie politique, etc.,

rue Richelieu, 14.

1862

LA

# BANQUE DE FRANCE

DANS SES RAPPORTS

AVEC LE CRÉDIT ET LA CIRCULATION.

―-∿∿∿--

## CHAP. I. — DES DIVERSES PHASES DE L'ÉCHANGE.

### I

Dans les premiers âges, les produits s'échangeaient contre des produits; le principe de J. B. Say était appliqué dans toute sa simplicité.

C'est la première phase de l'échange. Elle subsiste encore chez certains peuples à mœurs primitives.


Les difficultés du troc firent inventer la monnaie. Avec elle, l'échange entra dans une phase nouvelle; la valeur exacte des produits fut déterminée, et les produits s'échangèrent avec facilité contre leur signe métallique représentatif. Le commerce se constitua; plus tard, lorsque l'or et l'argent se substituèrent aux monnaies lourdes et encombrantes, il devint la source de la richesse des peuples : Lycurgue avait

compris que le moyen le plus efficace d'empêcher les Lacé-
démoniens de s'enrichir, était de leur donner une monnaie
de fer. « L'introduction des métaux précieux à titre de mon-
» naie, dit Ricardo, peut à juste titre être envisagée comme
» un des pas les plus brillants qui aient été faits dans la
» carrière du commerce et de la civilisation industrielle. »

L'engagement de payer à échéance une somme due mar-
que la troisième phase de l'échange. C'est l'origine du crédit,
qui devait devenir la base de l'organisation du travail dans
les sociétés modernes.

Le billet à ordre et la lettre de change, principaux
instruments du crédit, compris tous deux sous la dénomination d'effets de commerce, ont fécondé l'industrie et le
commerce des nations.

L'effet de commerce, sous ses deux formes, engagement
garanti par la fortune, la position sociale et l'honneur de
celui qui le crée, lui permet de multiplier son travail et
ses ressources. Quand les forces vives du travail individuel
sont accrues, la société, qui en embrasse toutes les branches, en recueille directement les fruits.

L'effet de commerce offre encore, sous la forme de lettre
de change, des avantages plus généraux et plus étendus.
Les moyens de transport du monde entier ne pourraient
suffire pour effectuer, en monnaies d'or et d'argent, une faible
partie du montant total des échanges. Ces transports sont
rendus fictifs par la lettre de change. Pour en citer un
exemple, lorsque, en 1847, la Banque de France acheta à

l'empereur de Russie pour une somme de 50 millions de francs en espèces métalliques, elle reçut cette quantité de numéraire à l'aide de virements de comptes, par lettres de change de Saint-Pétersbourg sur Paris, sans qu'un seul écu fût transporté d'une capitale à l'autre. A Londres, par un jeu de virement analogue, et à l'aide de checks qui dérivent de la lettre de change, le Clearing-House possède un encaisse de banknotes et d'espèces vingt fois moindre que le montant de ses paiements journaliers.

Sans la lettre de change, les rapports commerciaux qui unissent les diverses nations du globe n'eussent jamais pu se créer ou s'étendre.

Telles sont les trois grandes phases de l'histoire des échanges ; la monnaie, en devenant l'instrument de l'échange, le crédit, en multipliant l'action de la monnaie, ont successivement transformé le régime commercial des peuples, et chaque régime nouveau a créé une ère nouvelle pour la prospérité des nations.

## II

Je vais essayer de définir la loi de ces grandes transformations :

Dans l'ordre économique, l'humanité progresse, stimulée par ses propres besoins.

C'est ainsi que la monnaie et le crédit sont nés des exigences croissantes de l'échange. En outre, sous l'empire de ces exigences, la monnaie a varié de nature, selon le temps et les lieux, et le crédit a revêtu les mille formes sous lesquelles il se manifeste aujourd'hui.

Tout progrès accompli crée de nouveaux besoins et appelle un progrès nouveau. La transformation est indiquée d'une manière naturelle et s'opère sans secousse, lorsqu'elle résulte de principes déjà reconnus et consacrés par la science. Mais la pression des besoins peut faire naître l'application du principe avant que le principe lui-même ait été découvert. Aussi, lorsque la société, dans sa marche à travers les temps, arrive à ces limites au-delà desquelles le règne de principes nouveaux devient nécessaire, la période d'enfantement qui précède leur éclosion est longue et difficile; leurs premières applications, nées des besoins, sont, par une erreur naturelle, rattachées aux principes connus; cette confusion de principes engendre bientôt dans les faits des anomalies qui marquent le commencement de la transition; les difficultés surgissent, on essaie des combinaisons de toutes sortes, l'excès du mal fait trouver le remède, le principe se dégage, apparaît et triomphe.

### III

L'échange traverse, depuis près de deux siècles, dans les divers pays, ces vicissitudes, signes précurseurs d'une transformation radicale.

Pour faire ressortir cette vérité, il est nécessaire d'esquisser les lignes principales de l'histoire du crédit.

Isocrate et Cicéron nous apprennent que la lettre de

change existait aux temps des civilisations grecque et romaine; mais les lois de ces époques ne la mentionnent point : son usage était donc très-restreint. A plus forte raison, ne trouve-t-on pas dans les temps anciens, la trace d'institutions de crédit.

Au xii⁰ siècle, apparurent, en Italie, les premières banques; plus tard, la Suède et la Hollande imitèrent les exemples de Venise et de Gênes.

A ces époques, un petit nombre de villes se partageaient le commerce du monde. Pour faciliter les transactions sur leurs vastes marchés, des banques se créèrent, ouvrirent des comptes-courants aux commerçants dont ils soldaient les échanges par des virements, et substituèrent aux monnaies altérées des diverses nations, monnaies déposées entre leurs mains, une monnaie fixe et invariable dont ce dépôt matériel était la garantie inviolable.

Jusqu'alors, les banques ne s'étaient pas livrées d'une manière régulière à la négociation des effets de commerce.

En 1694, Guillaume III d'Angleterre faisait la guerre à la France. Il manquait d'argent. Lord Montague et le négociant Godfrey, s'inspirant d'essais antérieurs faits par les banques de divers pays et d'un projet récent de l'écossais Paterson, proposèrent au roi d'instituer une banque privilégiée dont le capital lui serait prêté, moyennant intérêt, dès sa formation. Le roi accepta cette combinaison, et, le 27 juillet 1694, parut la charte d'institution qui créait la Banque d'Angleterre. Cet établissement avait pour objet d'effectuer la négociation des effets de commerce et de faire des avances sur dépôt de titres ; il jouissait, en outre, du privilége d'émettre des billets payables à vue et au porteur, jusqu'à concurrence du montant du capital social ; le Parlement pouvait reculer cette limite assignée à l'émission.

Quoique les embarras financiers du gouvernement anglais aient été la raison dominante de cette institution, les besoins du commerce en avaient dicté le plan, et ses fondateurs avaient compris qu'elle était appelée à un grand avenir. La Banque d'Angleterre, en effet, se développa promptement, fut sauvée des temps difficiles, et est devenue aujourd'hui le plus solide appui du gouvernement financier et du commerce de la Grande-Bretagne.

La Banque d'Angleterre créait une situation toute nouvelle au point de vue du crédit ; les besoins du commerce l'avaient conduite hors de tous les principes connus et admis dans le régime financier des affaires. Jusqu'alors, en effet, il était admis en principe que celui qui crée un billet payable à échéance doit le rembourser quand l'échéance arrive ; que le non-remboursement constitue la suspension de paiement, et que la suspension de paiement est le prélude de la faillite. Ces règles invariables étaient la base du crédit ; sans elles, le crédit ne pouvait exister ; le négociant qui, à l'aide du crédit, opérait sur une échelle plus large que s'il eût fait seulement usage de ses propres capitaux, réglait les échéances de ses emprunts de telle sorte que le jeu naturel de son commerce mît, à toutes dates, entre ses mains, les capitaux nécessaires pour faire face à ses engagements.

Telle est encore aujourd'hui la loi générale du commerce, et celui qui ne peut s'y soumettre est menacé de la ruine et du déshonneur.

La Banque d'Angleterre méconnaissait cette loi, en émettant des billets au porteur payables à vue, tandis que, dans son état normal, elle n'avait pas dans ses caisses les fonds métalliques nécessaires pour les payer; elle s'exposait d'une manière permanente à être déclarée, par la simple application des principes du commerce, en état de suspension de paiements. C'est un fait incontestable. Des raisons nombreuses pourraient être avancées dans le but de trouver sa justification; je ne le discute pas en ce moment, je n'ai d'autre but que de constater l'antagonisme entre le fait et le principe.

A l'époque de la création de la Banque d'Angleterre, vivait un jeune et riche Écossais qui, après avoir couru les divers États de l'Europe sans pouvoir faire adopter des plans financiers aussi hardis qu'ingénieux, vint en France et y trouva un gouvernement ruiné et un Régent disposé à lui accorder tous les priviléges qui pourraient sauver le pays du naufrage dont il était menacé.

Law obtint, le 2 mai 1716, l'autorisation de créer une banque ayant pour objet, comme la Banque d'Angleterre, d'escompter les effets de commerce, et jouissant, comme elle, du privilége d'émettre des billets à vue et au porteur.

Lorsque le projet de cette banque fut discuté au Parlement de Paris, un membre du Parlement, hostile au projet, fit observer, entre autres objections, qu'«une banque ne » pourrait pas payer si tout le monde voulait réaliser à la

» fois ses billets. » M. Thiers, dans son *Histoire de Law,* cite ce fait qu'« il est, dit-il, intéressant de rappeler pour » l'histoire de l'esprit de routine. » Les événements ultérieurs ont cependant démontré que l'objection était sérieuse. Il eût été regrettable, il est vrai, qu'elle étouffât à son berceau l'institution nouvelle. La banque de Law rendit de grands services à la France au début de ses opérations, avant l'époque où des combinaisons d'une autre nature la détournèrent de son premier but; mais il est évident que le membre du Parlement cherchait à rattacher le nouvel ordre de choses qui lui était proposé à un principe, et qu'il ne trouvait pas ce principe.

En 1776, sous le ministère de Turgot, un arrêt du Conseil d'État créa la Caisse d'escompte de France, dont le but était analogue à celui de la première banque de Law.

Je passe sous silence les assignats.

Après la banqueroute de 1797, la Caisse des comptes-courants et la Caisse d'escompte du commerce reprirent les opérations de la Caisse d'escompte. Les abus commis dans l'administration de la première d'entre elles firent sentir, à une époque où le commerce était justement effrayé de l'ébranlement de l'ordre social, la nécessité de créer un établissement qui pût désormais opposer aux difficultés de la situation politique la puissance de son organisation et de ses ressources. La Banque de France fut créée en 1800; bientôt elle régna seule; aujourd'hui elle embrasse dans ses opérations le commerce et l'industrie de la France

## IV

Comme les diverses banques créées en France, les banques des autres pays ont été calquées sur le modèle de la Banque d'Angleterre.

Ces banques présentent toutes le même trait caractéristique, la même anomalie ; toutes, elles jouissent du privilége d'émettre des billets à vue et au porteur pour une somme supérieure à leur encaisse métallique.

Voici la cause de cette anomalie :

Les besoins du commerce ont fait naître l'émission du papier avant que la théorie économique eût découvert le véritable principe de cette création nouvelle. Par erreur, on n'a attribué au papier émis d'autre signification, abstraction faite de la qualité de billet au porteur, que celle d'un billet à ordre. La condition d'existence du billet à ordre, c'est l'échéance ; on a, par analogie, assigné une échéance au billet émis.

D'un autre côté, les besoins du commerce qui avaient créé l'émission, disaient aussi que l'émission devait être supérieure à l'encaisse métallique ; que le papier émis devait être employé, dans les échanges, comme monnaie ; et cependant cette monnaie, par sa nature, devait être remboursable ; en outre, le gouvernement refusait de l'imposer comme monnaie légale dans les paiements. De cet amalgame de besoins réels et de principes erronés, est né le billet de banque à vue et au porteur, avec des conditions d'émission qui créent une anomalie permanente.

Le billet de banque à vue et au porteur a, d'ailleurs, en lui-même, un vice radical : un papier remboursable et susceptible d'être refusé dans les échanges ne saurait constituer une bonne monnaie, monnaie sinon réelle, du moins effective.

La monnaie est l'équivalent de toute propriété, et la propriété est la base de l'ordre social. Faire intervenir le caprice individuel dans la reconnaissance d'un équivalent d'une telle importance, c'est créer une situation instable, et quand un des grands rouages de la machine sociale offre des imperfections, la société entière peut en ressentir de funestes effets. Une monnaie acceptée par les uns, refusée par les autres, jouissant aujourd'hui de la propriété de l'échange, ne la possédant plus demain, en un mot, soumise d'une manière directe aux fluctuations des événements et aux variations de l'opinion publique, est une monnaie mauvaise, qui, dans les moments difficiles, accroît, par les vicissitudes qu'elle éprouve, la gêne et le trouble des affaires. Un gouvernement doit refuser d'admettre une telle monnaie.

## V

Ces anomalies, ces erreurs, n'ont qu'une seule cause : l'émission du papier, créée pendant la phase du crédit, sous la pression des besoins commerciaux des peuples, est étrangère à cette phase; elle est le signe précurseur d'une grande réforme, d'une quatrième phase de l'échange. Longtemps confondue avec les instruments ordinaires du crédit, elle a, par cette confusion, produit des situations graves; elle a fait naître des dangers sérieux. Je vais déterminer son véritable caractère et établir son principe originaire :

## VI

« Le gouvernement d'une nation fonde un établissement de » crédit sur des bases telles que, si on suppose un cataclysme » général ruinant l'État, anéantissant les fortunes privées, et » renversant les institutions financières, cet établissement » ait assez de puissance pour être le dernier qui s'écroule.

» Créé dans ces conditions, il est doté du privilége exclu- » sif de battre monnaie sans frais. Cette monnaie convention- » nelle, lancée dans la circulation, est toujours représentée » dans l'établissement par une valeur réelle gardée d'une » manière inviolable.

» La nation entière s'associe dans une mutuelle confiance, » née de ces conditions mêmes, pour accepter cette monnaie » comme définitive, par conséquent non-remboursable.

» Le gouvernement la décrète monnaie légale. »

C'est le crédit qui, lorsqu'il atteint son expression la plus parfaite, devient monnaie; c'est la phase du *crédit-monnaie* succédant aux phases du *crédit,* de la *monnaie* et du *troc.*

J'ai voulu désigner ce que l'on appelle le cours forcé des billets de banque.

## VII

Par une étrange erreur répandue dans certaines régions de l'opinion publique, on a attribué au cours forcé un caractère d'illégalité, confondant ainsi une mesure prise en temps de révolution avec une mesure révolutionnaire. L'expression même de cours forcé résume en elle des idées de violence, de force publique ; elle remet en mémoire les jours néfastes où le droit des gens, où la loi elle-même s'effacent devant des nécessités d'un ordre supérieur. Les raisons même de cette erreur me serviront d'arguments pour la dissiper.

## VIII

Lorsqu'un principe est juste, l'ordre et l'harmonie règnent dans les diverses situations qu'il crée. Toute anomalie au contraire prend sa source dans l'erreur.

Je vais étudier les anomalies de la situation actuelle dans leurs causes et leurs effets ; j'étudierai ensuite le principe nouveau dans ses conséquences. La vérité devra ressortir du contraste des faits.

Dès le début de cette étude, j'abandonne l'expression de cours forcé dont le sens et la consonnance sont contraires à mes conclusions. On a appelé *cours légal,* en France, *legal tender,* en Angleterre, le cours obligatoire dans les échan-

ges, avec remboursement à vue par la Banque. Cette
expression ne me semble pas exacte. Le billet de banque
devant, à mon point de vue, devenir monnaie légale comme
l'or, l'argent et le billon, je désignerai le cours forcé par
*cours légal* des billets de banque.

## CHAP. II. — ANOMALIE DE LA CONSTITUTION ACTUELLE DE LA BANQUE DE FRANCE. — SES CONSÉQUENCES.

### I

La Banque de France a été créée principalement en vue de venir en aide au commerce, comme banque d'escompte ; dans ce but, elle opère l'escompte des effets de commerce.

Elle est aussi banque de dépôt et de circulation : comme banque de dépôt, elle prête sur nantissement d'effets publics, sur dépôt de titres de valeurs industrielles, et sur dépôt de lingots d'or et d'argent ; comme banque de circulation, elle émet des billets de banque à vue et au porteur.

### II

Quand on jette les yeux sur le bilan de la Banque de France, l'anomalie qui existe dans les statuts apparaît dans les faits :

Dans le bilan du 13 février 1862, par exemple, l'émission des billets est de 797 millions, et l'encaisse métallique de 354 millions.

Si, sous l'influence d'une panique, les détenteurs de billets se précipitent aux guichets de la Banque pour en réclamer, au nom de la loi, le remboursement, la Banque est dans l'impossibilité de payer.

C'est dans ces conditions que la Banque d'Angleterre a suspendu ses paiements en 1797, et la Banque de France en 1848.

L'anomalie qui place la Banque sous le coup d'une suspension de paiements est permanente; elle a été érigée en principe. L'histoire du passé montre qu'il est utile de la discuter.

### III

Les fondateurs de la Banque de France ont compris qu'avec une émission de billets remboursables à vue, il était nécessaire que la Banque eût toujours en caisse une certaine quantité de numéraire, comme garantie, aux yeux du public, de ce remboursement. D'ailleurs, ses opérations elles-mêmes exigent qu'elle dispose sans cesse de fortes existences en numéraire. Par ces considérations, le principe d'un rapport minimum constant entre l'encaisse métallique et l'émission a été adopté, et quoique les statuts fondamentaux ne fixent pas ce rapport, la Banque s'est imposé pour règle d'avoir toujours un encaisse métallique égal au moins au tiers de l'émission.

Quelle raison a déterminé cette proportion du tiers? Il faudrait, pour en découvrir l'origine, remonter aux opinions émises par les Directeurs de la Banque d'Angleterre dans les diverses enquêtes ordonnées par le Parlement. En réalité, ce rapport pourrait varier selon les circonstances : il pourrait être faible dans les temps prospères; au contraire, dans les temps difficiles, l'encaisse devrait se rapprocher de l'émission.

Comme les événements ne peuvent être prévus, la proportion du tiers a été adoptée comme une sorte de terme-moyen. Mais cette proportion n'offre qu'une garantie relative : sans invoquer les souvenirs de 1797 et de 1848, elle n'a pas empêché la Banque d'Angleterre en 1837, et la Banque de France en 1847, de recourir à des emprunts étrangers pour se sauver de situations périlleuses.

Quoiqu'il en soit, et par des considérations sur lesquelles je n'insiste pas, cette règle est religieusement observée.

Ainsi, par principe, la Banque de France doit toujours conduire ses opérations de telle sorte que son encaisse métallique soit égal au moins au tiers de l'émission.

## IV

Pour bien définir le rôle qu'impose à la Banque de France la mission de venir en aide au commerce, il m'est nécessaire de faire une comparaison. Je ne crains pas, eu égard à son importance, de la prendre dans le domaine de la mécanique.

En général, dans les machines, l'action des moteurs est variable ; tout changement brusque dans cette action produit des chocs ; si ces chocs sont transmis directement aux organes actifs de la machine, ces organes, dont la résistance est toujours restreinte, en souffrent et peuvent en être brisés ; si, au contraire, on interpose entre le moteur et ces organes un *volant* qui oppose la puissance de sa constitution aux chocs émanant de la force motrice variable, les organes de la machine sont préservés des funestes chocs par cet intermédiaire puissant et inébranlable qui transforme les effets brusques en effets lents et progressifs.

Le volant est donc le régulateur du mouvement d'une machine.

## V

Le rôle de la Banque de France, dans le rouage financier du pays, doit être celui du volant dans une machine. Le crédit, soumis d'une manière directe à l'action des circonstances, en subit toutes les vicissitudes; la Banque de France, institution de crédit créée en vue des intérêts généraux du pays, doit être le grand régulateur du crédit, subissant directement l'effet des crises, amortissant, par sa puissance, leur action destructive, et en transmettant lentement et progressivement les effets à la masse des intérêts privés groupés autour d'elle.

Voilà le véritable but de la Banque de France. C'est surtout dans les temps de crise qu'une institution semblable doit venir en aide au commerce. S'il en était autrement, qu'en adviendrait-il? Dans les temps de prospérité, cet établissement aurait largement dispensé au commerce le crédit nécessaire à ses opérations; le commerce, aidé par ce crédit, se serait engagé au-delà de ses ressources. Puis, si les circonstances difficiles survenaient, ce crédit si largement accordé se resserrerait tout à coup, au moment où il deviendrait le plus nécessaire. Tel un général qui abandonnerait son armée au moment du danger, après l'avoir conduite, dans l'ivresse de sa confiance, jusque sous les coups de l'ennemi.

Évidemment, ce n'est pas le résultat que doit atteindre une grande institution de crédit. La Banque de France est moins créée pour venir en aide au commerce dans les temps de prospérité que dans les temps de détresse. Quand la situation est prospère, la liberté des transactions fait surgir de l'harmonie des intérêts privés un système financier qui satisfait toutes les exigences des affaires. Quand les causes accidentelles troublent cette harmonie, le système financier dont elle est la base perd toute cohésion; une organisation plus puissante que celle créée par les intérêts privés devient nécessaire. C'est dans ces circonstances qu'un grand établissement de crédit, essentiellement dominé par l'intérêt général du pays, est appelé à mettre en évidence la grandeur de son but et l'étendue de ses bienfaits.

## VI

Ce principe, d'ailleurs, a été souvent mis en pratique et proclamé par la Banque de France.

M. Moreau disait, dans le Rapport des censeurs à l'Assemblée générale des actionnaires du 29 janvier 1829 :

« L'état prolongé de stagnation de toutes les industries et de tous les établissements commerciaux devait amener des secousses inévitables; nous les avons vues avec douleur se succéder rapidement cette année, et ébranler, non-seulement des individus, mais des branches entières de commerce, et même des villes manufacturières.

Dans ces circonstances critiques, la Banque, quoi qu'on en

ait dit, n'a pas manqué au but de son institution : créée surtout pour aider le commerce, les fabriques et les manufactures, elle leur a fourni tous les secours possibles en escomptant leurs valeurs pour des sommes considérables, en leur
accordant, dans des moments d'embarras, des délais pour
rembourser, et en s'abstenant, contre un grand nombre de ces
débiteurs malheureux, des mesures de rigueur. »

M. Odier disait encore, dans le Rapport des censeurs du
27 janvier 1831 :

« ... Cette somme considérable de papier escompté ne vous
surprendra pas, en vous reportant aux besoins d'argent que
le commerce a éprouvés dès le mois d'août dernier, et qui
ont été en croissant. Dans cette époque de crise, la Banque a
cherché constamment à rendre tous les services que sa position et la sûreté des intérêts qui lui sont confiés lui ont permis. C'était par de larges escomptes qu'elle pouvait être
utile; aussi a-t-elle accueilli avec empressement tout le papier
qui, aux termes de ses statuts, lui paraissait présenter des
garanties suffisantes. Les régents et les membres du Comité
d'escompte ont redoublé de zèle et d'activité dans le choix
pénible et difficile du papier qui a été présenté; le nombre
des présentations s'est beaucoup accru; les effets de toutes
sommes et de tous les genres de commerce et d'industrie ont
été accueillis. »

« Quelques symptômes de gêne, disait encore M. le comte
d'Argout, gouverneur de la Banque, dans son Compte-Rendu
du 25 janvier 1838, s'étaient manifestés dans les derniers
mois de 1836; des embarras sérieux avaient éclaté aux
États-Unis; le contre-coup s'en était fait ressentir en Angleterre, puis en France, où beaucoup de manufactures se trou-

vaient encombrées; l'intérêt de l'argent avait haussé; de nombreux besoins faisaient refluer le numéraire de Paris vers les départements ou l'appelaient à l'étranger; notre réserve diminuait chaque jour et l'inquiétude se propageait rapidement. La Banque chercha à combattre cette disposition des esprits; elle continua à escompter avec largeur; elle maintint la durée des échéances et le taux de ses transactions; elle alimenta sa réserve en achetant des lingots à des conditions onéreuses, et c'est en livrant plus de 100 millions à la circulation qu'elle contribua à raffermir la confiance et à dissiper l'appréhension d'une crise. »

On sait combien la crise américaine fut violente à cette époque : « La presque universalité des Banques, et la Banque centrale elle-même, disait le même Compte-Rendu, ont tout à coup cessé de rembourser leurs billets contre espèces; d'un bout de l'Union à l'autre, toutes les transactions ont été momentanément suspendues. »

Je pourrais faire d'autres citations.

## VII

Lorsqu'on crée une institution de crédit en vue de venir en aide au commerce, il faut donc surtout songer à l'éventualité des mauvais jours; il faut que l'institution soit dotée de la puissance nécessaire pour anéantir leur action dissolvante.

La Banque de France, avec sa constitution actuelle et dans les conditions de son existence, possède-t-elle cette puissance? C'est ce qu'il importe d'examiner.

## VIII

Lorsque dans les affaires, une maison a un besoin momentané d'espèces métalliques, il lui est aisé de s'en procurer à la Banque de France. Elle crée une traite dans les conditions qui la rendent banquable, et la présente à la négociation. La Banque délivre le montant de la traite, déduction faite de l'escompte, en billets de banque. Ces billets, présentés au bureau d'échange, sont, en vertu de la loi, remboursés en numéraire.

Quel que soit le montant de la traite, si les trois signatures exigées par la Banque présentent les garanties nécessaires, la traite est admise à l'escompte.

Si donc un grand banquier de Paris a besoin de plusieurs millions en espèces, il peut, s'il lui convient, les puiser à la Banque.

Si une circonstance quelconque, telle que des achats de grains à l'étranger, par exemple, exige une exportation momentanée de numéraire, les banquiers auront, par la marche naturelle des affaires, besoin d'espèces métalliques, et s'adresseront au grand réservoir, la Banque de France.

Si un grand banquier de Londres et de Saint-Pétersbourg a momentanément besoin de numéraire pour son propre compte, peut-être même pour le compte de son gouvernement, il créera des traites sur les grands banquiers de Paris; ces traites seront escomptées par la Banque, le numéraire quittera les caves de cet établissement et sera expédié à destination de l'Angleterre ou de la Russie.

Ces faits se produiront d'autant plus naturellement, que la

Banque de France est le seul réservoir métallique offert au commerce du pays.

Ces conditions mettent à découvert un vice radical de l'organisation de la Banque de France :

D'une part, la Banque doit toujours conserver un encaisse égal au moins au tiers de son émission ;

D'autre part, son encaisse métallique est sans cesse exposé, sans défense naturelle, aux attaques non-seulement de la France, mais aussi des pays étrangers.

Cette situation a des conséquences inévitables : quand surviennent les crises, la Banque de France se trouve menacée dans son existence ; l'intérêt du commerce s'efface alors devant l'intérêt plus puissant de sa propre conservation. Pour se sauver du danger, elle adopte des mesures restrictives qui lui rendent la sécurité, mais qui accroissent la souffrance du commerce en le privant, au moment le plus utile, de ses ressources ordinaires.

Le mal est plus grand encore :

La Banque, exposée d'une manière constante à toutes les attaques, reçoit directement le contre-coup des crises étrangères. Pour s'en garantir, elle doit encore recourir à ses mesures restrictives, et l'on voit alors un phénomène singulier : la Banque de France appelle, pour ainsi dire, les maux du dehors pour les répandre au dedans ; elle jette la perturbation au milieu d'une situation calme et prospère ;

l'institution de crédit, loin de conjurer les crises, les produit.

## IX

Telle a été la situation de la Banque de France depuis quelques années.

De 1806, époque de sa reconstitution, jusqu'en 1846, la Banque de France avait toujours maintenu le taux de l'escompte au terme invariable de 4 0/0, sauf de légères augmentations accidentelles, à l'époque de nos désastres politiques. Ce taux n'avait pas varié notamment de 1820 à 1847. Sous l'empire des circonstances nouvelles créées par le grand mouvement de l'époque actuelle, la Banque a fait subir au taux de l'escompte des variations nombreuses entre les limites de 3 et 10 0/0; en outre, la durée maximum de l'échéance, qui, normalement, est de 90 jours, a été plusieurs fois réduite à 60 jours.

## X

L'élévation du taux de l'intérêt et la restriction de la durée maximum de l'échéance, sont deux mesures funestes au commerce.

Lorsque la Banque de France élève le taux de l'escompte la mesure est appliquée le jour même où elle est rendue publique. Par conséquent, tous ceux qui ont des affaires engagées au moment de l'élévation de l'escompte et qui les avaient créées avec la présomption de payer leurs capitaux d'emprunt au taux primitif, sont nécessairement victimes de cette élévation; de la sorte, telle affaire qui, par de justes combinaisons, devait procurer des bénéfices, peut devenir onéreuse par les changements qu'elle subit fatalement en cours d'exécution.

D'ailleurs, quand le crédit est cher, on en achète moins que lorsqu'il est bon marché; telle affaire réalisable si les capitaux d'emprunt coûtent 5 0/0, devient souvent impraticable s'ils en coûtent 6. Ainsi, quand le taux de l'escompte est élevé, on s'abstient de faire des affaires ou on en restreint l'importance.

« On peut regarder, a dit Turgot *(Réflexions sur la formation et la distribution des richesses)*, le prix de l'intérêt comme une espèce de niveau au-dessous duquel tout travail, toute culture, toute industrie, tout commerce cessent. C'est comme une mer répandue sur une vaste contrée : les sommets des montagnes s'élèvent au-dessus des eaux et forment des îles fertiles et cultivées. Si cette mer vient à s'écouler, à mesure qu'elle descend, les terrains en pente, puis les plaines et les vallons paraissent et se couvrent de produits de toute espèce. Il suffit que l'eau monte ou s'abaisse d'un pied pour inonder ou pour rendre à la culture des plages immenses. C'est l'abondance des capitaux qui anime toutes les entreprises, et le bas intérêt de l'argent est tout à la fois l'effet et l'indice de l'abondance des capitaux. »

La restriction de la durée maximum de l'échéance exerce une influence plus nuisible encore sur le commerce. Quand la Banque élève le taux de l'escompte, le négociant qui peut supporter le sacrifice imposé par cette élévation continue à

faire des affaires; quand la durée de l'échéance est restreinte, le négociant, s'il a besoin d'un crédit dont la durée
dépasse la limite assignée, ne l'obtient à aucun prix; il est
obligé de s'arrêter; tous les effets de commerce dont l'échéance
est plus longue que la durée maximum, et parmi eux se trouvent des effets créés dans la présomption d'une durée de
90 jours, sont refusés à la Banque. Le commerce se trouve
ainsi, d'une manière inattendue, privé de sa ressource essentielle.

Ces mesures sont funestes non-seulement par elles-mêmes,
mais par l'état d'incertitude qui résulte de leur variation.

Ainsi, d'une part, le commerce est toujours plus ou moins
engagé au moment où les mesures restrictives de la Banque
viennent le surprendre; d'autre part, ces mesures restrictives
ralentissent les affaires; d'autre part enfin, leur éventualité
crée une situation instable qui paralyse l'essor du commerce.

Ces maux sont très-réels; il n'est pas un négociant, en
France, qui ne les ait éprouvés depuis quelques années, et
qui ne déplore le maintien d'une situation si nuisible au développement des affaires.

## XI

L'attention des gouvernements doit se porter d'une manière spéciale sur les bases fondamentales du régime écono-

mique des nations. En les perfectionnant, ils rendent plus aisée la perfectibilité des éléments secondaires qui en dépendent. Le crédit est une de ces bases. Voulez-vous assurer la prospérité d'un pays? donnez-lui avec abondance, bon marché et constance, les matières premières et le crédit. Le crédit est devenu l'aliment de toutes les transactions commerciales; le crédit est le pain du commerce, comme la houille est le pain de la production, comme le travail est le pain de l'homme. Les moindres variations dans le prix du crédit produisent dans le vaste ensemble du commerce un ébranlement qui pénètre en tous les rangs et y exerce ses ravages.

## CHAP. III. — DU TAUX DE L'ESCOMPTE.

### I

La variation du taux de l'escompte à la Banque de France, funeste dans ses effets, est irrationnelle en elle-même; les principes économiques la condamnent. C'est un point que je vais établir.

### II

Le taux de l'escompte comprend :
    Le loyer des capitaux avancés;
    La prime de risque couru;
    Les services financiers de l'opération.

Les conditions dans lesquelles chacun de ces trois éléments se présente ne sont pas les mêmes chez les banquiers et à la Banque de France. Je vais le prouver.

Chez les banquiers, le loyer des capitaux est fixé d'après le prix de l'argent.

Un banquier se procure de l'argent en dehors de ses propres ressources, soit auprès des capitalistes, soit à la Banque. L'argent des capitalistes est capricieux; tantôt il est offert avec abondance au moment où il est inutile, tantôt il est retiré des mains du banquier ou devient introuvable au moment où il est le plus nécessaire. Au contraire, le banquier est toujours sûr de trouver du crédit à la Banque; aussi s'adresse-t-il généralement à elle. La Banque est donc, en France, le grand dispensateur du crédit; c'est elle qui, par l'importance de ses opérations, fixe réellement le prix de l'argent. Les exigences des capitalistes se règlent sur ses décisions.

La Banque de France, au contraire, se procure des capitaux en les faisant sortir du néant par la fabrication des billets de banque. D'ailleurs, nulle limite n'est imposée à l'émission de ses billets; par conséquent, l'argent ne lui coûte rien, et elle peut s'en procurer indéfiniment selon ses besoins. Le prix de l'argent ne doit donc pas faire varier le loyer des capitaux que la Banque de France prête au commerce.

La variation du loyer des capitaux à la Banque ne saurait être non plus justifiée par l'abondance ou la rareté des capitaux parmi les capitalistes. Je suppose, en effet, que le commerce de banque ait besoin d'emprunter, en dehors de ses ressources propres, pour les besoins de l'escompte, une somme totale de 1 milliard, et que, dans les temps ordinaires, cette somme se décompose comme suit :

Emprunts à la Banque de France. . . F.    700,000,000
Emprunts aux capitalistes. . . . . . . . .    300,000,000
TOTAL. . . . . F.    1,000,000,000

Une cause accidentelle surgit : l'argent des capitalistes se retire; il n'en reste plus qu'une somme de 100 millions; en

ce cas, les banquiers iront demander 200 millions de plus à
la Banque, et la totalité des emprunts se décomposera comme
suit :

Emprunts à la Banque de France. . . F.    900,000,000
Emprunts aux capitalistes. . . . . . . .    100,000,000
         Total. . . . . F.   1,000,000,000

Mais, objectera-t-on, la Banque de France, se montrant trop
difficile dans l'admission des effets de commerce à l'escompte,
le montant total escompté n'atteindra pas 900 millions, et la
rareté des capitaux se fera réellement sentir.

Si les affaires sont bonnes, la Banque accepte toujours le
papier qui les représente.

Si les affaires n'offrent pas de sérieuses garanties, elle
refuse l'escompte; mais dans l'hypothèse où par exemple
75 millions seraient ainsi refusés, comment regretter une
rigueur qui a pour conséquence d'empêcher le total des
escomptes d'atteindre 1 milliard par cette raison que 75 millions se rapportent à des affaires véreuses?

Au contraire, dans ces conditions, le contrôle de la Banque
s'exercerait sur une plus vaste étendue du commerce, et
cette extension de contrôle serait une garantie nouvelle de
sécurité commerciale pour le pays. Si, pour pousser l'hypothèse jusqu'à ses dernières limites, la Banque était le seul
escompteur du pays, il ne se ferait pour ainsi dire que de
bonnes affaires en France; les affaires douteuses tomberaient
dès leur naissance, victimes des justes rigueurs du crédit
de la Banque. En réalité, les refus de la Banque pour cause
de garanties insuffisantes ne formeront jamais un total assez
important pour produire la rareté des capitaux.

Chez les banquiers, la prime de risque est variable, selon le degré de confiance que l'escompté inspire à l'escompteur. Elle ne saurait être soumise à des règles fixes. D'ailleurs, les banquiers ne suivent pas tous les mêmes principes dans l'admission du papier à l'escompte : les uns n'acceptent que le très-bon papier; d'autres, pour étendre le cercle de leurs affaires, consentent à courir plus de risques, et prélèvent en conséquence une prime de risque plus élevée.

A la Banque de France, la prime de risque doit être invariable. La Banque n'acceptant, par principe, que du papier sûr, le danger couru dans chaque cas d'escompte est toujours très-minime et ses variations insensibles. Comme le danger, la prime de danger doit être minime et invariable.

Il convient d'envisager l'élément risque, non-seulement dans ses rapports avec les individus, mais aussi dans ses rapports avec l'état de la confiance publique :
Si cette confiance diminue, l'élément risque augmente dans les opérations des banquiers. Dans ces conditions, la Banque de France pourra se montrer plus difficile dans l'admission du papier à l'escompte; mais pour le papier admis, elle devra maintenir le taux du risque à sa valeur primitive.

Les services financiers de l'escompte, compris sous la dénomination de commission, susceptibles de varier chez les banquiers, doivent être invariables à la Banque. Les banques privées sont les moteurs qui font circuler le capital et le répartissent dans les diverses branches du travail. Chaque

banquier suit, dans cette répartition, un système différent :
l'un se contente d'une faible commission pour pouvoir opérer
sur une vaste échelle ; l'autre, opérant sur une échelle moindre, exige une commission plus élevée. Le même banquier
suit tantôt la première marche, tantôt la seconde, selon ses
vues personnelles et selon les circonstances. Ces variations
sont d'ailleurs, par les usages commerciaux, renfermées en
d'étroites limites. Quelles qu'elles soient, elles ne sauraient
se produire dans le régime de la Banque de France, qui
doit chercher dans les circonstances, non les combinaisons
qui peuvent uniquement favoriser ses intérêts, mais les
moyens de se rendre toujours le plus utile au commerce en
lui offrant le crédit dans les conditions les plus constantes
possibles.

Ainsi, par sa nature même, le taux de l'escompte, à la
Banque de France, doit être invariable. Il est indépendant
des variations du taux de l'escompte dans les opérations des
banquiers (1).

(1) Des hommes éminents, pour n'avoir pas fait cette distinction entre la
Banque, institution jouissant du privilége de l'émission, et un banquier ordinaire, sont tombés dans une grave erreur en soutenant que, puisque le prix
de l'argent varie sur le marché du pays, le loyer des capitaux prêtés par la
Banque doit varier aussi. Léon Faucher, dans un discours prononcé à l'Assemblée législative le 9 mars 1850, sur le projet des banques cantonales de
M. Mauguin, s'exprime ainsi :
« La Banque, pendant de très-longues années, à travers les bonnes comme
à travers les mauvaises, dans les temps d'adversité comme dans les temps
de prospérité, a maintenu le taux de l'escompte à 4 0/0 ; à 4 0/0, lorsque
les banquiers, sur la place, escomptaient à 3 et à 3 4/2 0/0 ; elle l'a maintenu
encore à 4 0/0 lorsqu'on ne trouvait pas ailleurs à escompter à moins de 6 ou
7 0/0. Ainsi, tout compte fait, si l'on voulait établir la balance, on trouverait
assurément que la Banque, dans ce système, a plus abaissé le taux de l'in-

III

La variation du taux de l'escompte, condamnée en principe, ne saurait trouver sa justification dans la solidarité du crédit de la Banque de France avec le crédit public.

Le taux de l'intérêt, a-t-on dit, représente le loyer du crédit. Si le crédit se resserre, il faut que le loyer du crédit s'élève; c'est la loi générale : l'abondance fait baisser les prix, la rareté les élève.

J'ai déjà dit quel devait être le rôle de la Banque de France. Vouloir qu'elle suive dans la fixation du taux de l'intérêt les variations indiquées par les oscillations naturelles du crédit, c'est méconnaître le but de cette institution. La Banque de France doit avoir essentiellement pour objet de régulariser le crédit, d'amoindrir, sinon d'annuler, l'amplitude de ses oscillations. Si donc, par la situation du marché, le loyer du crédit tend à s'élever, la Banque de France doit lutter contre cette tendance, en maintenant d'une manière inébranlable ce loyer à son taux primitif.

D'ailleurs, on ne saurait assimiler d'une manière complète le

térêt qu'elle ne l'a élevé; mais je me hâte de dire que c'est là un faux principe, que c'est une illusion d'imaginer qu'on pourra établir dans un pays quelque chose comme la fixité du taux de l'intérêt. L'argent est une marchandise comme une autre : l'argent vaut ce que la confiance ou la défiance publique le fait valoir; on paie l'argent selon le crédit qu'on a soi-même et selon le crédit général qui existe dans le pays, c'est-à-dire selon les époques et selon les personnes. Il y a tel banquier qui trouve du crédit à 2 0/0; il y a tel autre individu qui n'en trouverait pas à 10; c'est élémentaire. »

Il y a évidemment confusion.

crédit à une marchandise. Le crédit étant une chose imma-
térielle, tandis qu'une marchandise est une chose matérielle,
les effets des mêmes principes économiques sont différents :

Lorsque le prix du fer s'élève, la consommation diminue ;
la consommation diminuant, la production diminue à son
tour. Mais ces effets exigent un certain temps pour se produire. Si donc le prix du fer subit, en plus et en moins, des
variations qui se compensent, avant que la production n'ait
eu le temps de ressentir les effets de chacune d'elles, la production ne varie pas et son action est régulière.

Au contraire, lorsque le loyer du crédit s'élève, immédiatement le crédit se resserre ; la production du crédit, si je
puis m'exprimer ainsi, diminue. Les moindres variations du
loyer du crédit affectent instantanément la situation générale du crédit.

Le régulateur naturel qui place la production matérielle
hors des atteintes immédiates de la variation des prix, la
lenteur, n'existe donc pas pour le crédit. Il faut créer cette
action régulatrice.

Ainsi, soit que les oscillations du crédit naissent des circonstances extérieures, soit qu'elles naissent des variations
du loyer du crédit lui-même, la Banque de France doit maintenir invariable le taux de l'intérêt pour agir comme régulateur entre elles et le commerce.

## IV

La pression des événements ne saurait justifier davantage
les variations du taux de l'escompte de la Banque.

L'élévation du taux de l'escompte, a-t-on dit, est nécessaire pour ralentir les affaires lorsque le commerce est trop
engagé :

La Banque de France ne saurait, en pareil cas, élever le
taux de l'escompte dans l'intérêt de sa propre sécurité.
On sait, et j'aurai l'occasion de le rappeler, quelle prudence systématique préside, dans les conseils d'escompte
qui secondent ses opérations, à l'admission des effets de
commerce, et quelles hautes garanties de solvabilité offrent
les valeurs qui entrent dans son portefeuille. Elle ne saurait
donc craindre leur dépréciation. D'ailleurs, elle est toujours
maîtresse de refuser le papier à l'escompte; elle ne s'engage
donc vis-à-vis du commerce qu'en toute liberté et selon le
degré de confiance qu'il lui inspire.

La Banque de France élève-t-elle l'escompte dans l'intérêt
du commerce lui-même ?

Si le commerce est réellement trop engagé, le moment
est mal choisi d'ajouter aux dangers de sa situation ceux
que fait naître d'une manière inévitable l'élévation du taux
de l'escompte.

Et d'ailleurs, la Banque doit-elle diriger la confiance publique en France? Doit-elle surtout en régler les variations
par un moyen violent et onéreux? Ce serait faire payer cher
un service rendu.

Quand le commerce se laisse entraîner par une trop grande
ardeur, le gouvernement, la presse, savent lui donner des
avis utiles. D'ordinaire, il les écoute : l'audace n'est pas le
défaut du négociant français; il est plus difficile, dans notre
pays, de donner de l'essor aux affaires que de les enrayer.

La Banque de France n'a donc pas besoin d'élever le taux de l'escompte pour rappeler le commerce à la prudence.

## V

On a dit enfin : la Banque de France doit élever le taux de l'escompte pour arrêter une trop grande exportation de numéraire et épargner au pays une crise monétaire.

Les millions exportés sortent, il est vrai, le plus généralement du réservoir de la Banque de France. Mais la Banque a-t-elle le pouvoir de régler cette exportation?

L'exportation définitive du numéraire a lieu lorsqu'un pays solde sa balance générale du commerce extérieur avec de l'argent (¹), ou lorsque des causes accidentelles surgissent, telles qu'une disette, une guerre, ou de grands placements de capitaux à l'étranger.

Quand les exportations de numéraire sont nécessitées par les besoins normaux du commerce, elles ne sauraient inspirer de justes inquiétudes ; le jeu naturel du commerce ramène bientôt le numéraire que les besoins du moment avaient fait sortir du pays ; il importe peu à la France que l'on exporte d'une manière définitive 50 millions en argent vers l'Inde, si sa balance commerciale avec la Russie, par exemple, doit lui restituer cette somme. De même, il est inutile de mettre obstacle aux exportations de numéraire que les fantaisies de

---

(¹) Depuis 1848, la balance générale du commerce extérieur de la France s'est soldée par une importation d'environ 2 milliards et demi en métaux précieux. Sous l'influence de l'accroissement des besoins, le commerce a su appeler du dehors l'or et l'argent nécessaires aux échanges de la consommation.

la spéculation peuvent provoquer : si, dans un but de spéculation, on vend 100 millions d'or à l'étranger, on reçoit en
échange un engagement à échéance, et l'or, un instant sorti
du pays, y rentre nécessairement quand cette échéance
arrive.

Quant aux causes accidentelles, elles ont, il est vrai, pour
conséquence de raréfier la circulation et de faire naître
l'éventualité de crises monétaires; mais cependant elles ne
sont pas absolues dans leurs effets. Les achats extraordinaires
faits à l'étranger ont souvent pour conséquence de créer des
relations nouvelles; l'échange des produits s'établit, et une
partie du numéraire exporté peut revenir en paiement des
produits qu'il permet d'acheter. De même, le numéraire que
nos armées emportent en pays étrangers pendant les guerres
n'est pas entièrement perdu pour la France. Les relations
commerciales avec ces pays peuvent naître ou se développer. C'est ainsi que pendant la guerre de Crimée l'exportation de produits français vers la Turquie s'est notablement
accrue.

« La dernière guerre de France coûte à la Grande-Bretagne au delà de 90 millions, dit Adam Smith (*Richesse des
nations*, liv. IV...) Plus des 2/3 de cette dépense ont eu lieu
dans les pays éloignés... Si c'eût été par le moyen de notre
argent que nous eussions soutenu la guerre, il faudrait que
la masse totale de nos espèces eût été exportée et rapportée
au moins deux fois dans une période d'environ six à sept
ans... Cependant, dans aucun moment de cette période, le
canal de la circulation n'a paru plus vide que de coutume...
A la vérité, les profits du commerce étranger furent plus
forts qu'à l'ordinaire pendant toute la guerre...

» Il faut donc que les dépenses énormes de la guerre dernière aient été principalement défrayées, non par l'exportation de l'or et de l'argent, mais par celle des marchandises
anglaises d'une espèce ou d'une autre. »

Quoi qu'il en soit, les mesures restrictives de la Banque
ne sauraient empêcher les causes accidentelles de surgir; 
elles ne sauraient en annuler les effets nécessaires. La Banque est impuissante, quand les événements commandent.

Citerai-je ce qui se passa, en 1845, à la Banque d'Angleterre? Elle fut obligée, à la suite d'une mauvaise récolte dans
la partie occidentale de l'Europe, de chercher des approvisionnements en dehors de ses marchés ordinaires. Le Gouvernement eut, en outre, diverses dépenses à faire à l'extérieur.
Une grande exportation de numéraire eut lieu. La Banque
d'Angleterre voulut s'opposer à cette émigration des espèces
métalliques en faisant subir au taux de l'intérêt des éléva-
tions successives et en restreignant son escompte. Ce fut en
vain ; l'encaisse continua à diminuer, et la Banque d'Angleterre aux abois fut obligée d'emprunter à la Banque de
France 100 millions en espèces.

Il ne faut pas chercher à lutter contre la force des événements. Si, pendant une disette, la France achète pour 200
millions de blés à un pays, et qu'elle ne les paie pas en marchandises, il faut nécessairement qu'elle les paie en espèces,
il faut exporter du numéraire. La Banque de France, en élevant le taux de l'escompte dans un tel moment, n'empêchera
pas le commerce, pressé par la nécessité, de puiser dans son
encaisse ; seulement, par cette mesure, elle aggrave une si-

tuation que les circonstances naturelles avaient déjà rendue
difficile.

« Pour retenir les espèces dans ces circonstances difficiles,
» les défenses de l'autorité sont sans force. Les obstacles qui
» sont de la compétence légitime et accoutumée des Banques
» n'ont guère plus d'efficacité, » dit M. Michel Chevalier, en
envisageant l'hypothèse où les négociants d'un État doivent à
ceux d'un autre et sont obligés de payer dans un court délai.
(*Cours d'Écon. polit.*, 3ᵉ vol. *Monnaie*, sect. XII, chap. III.)

Si, dans la plupart des cas, l'élévation du taux de l'escompte ne peut arrêter l'exportation du numéraire, il n'en
est pas de même lorsque cette exportation est due au placement de capitaux français à l'étranger. Quand le taux de
l'escompte est élevé, les spéculateurs obligés de payer cher
l'argent qu'ils empruntent à la Banque ne trouvent plus
des avantages suffisants dans les conditions offertes par les
marchés étrangers; les capitalistes renoncent également à
vendre leurs titres dans des conditions onéreuses en France
pour en acquérir de nouveaux à l'étranger. Mais en pareil
cas, la mesure restrictive de la Banque est inopportune :

En premier lieu, les opérations financières en vertu desquelles de grandes Compagnies vont porter à l'étranger les
capitaux de la France, n'ont lieu qu'avec l'autorisation du
Gouvernement. Il appartient donc à une autorité plus élevée
que la Banque d'apprécier l'influence que l'émigration de ces
capitaux est appelée à exercer sur le marché français.

En outre, lorsque, dans l'intérêt du commerce, on veut
arrêter l'exportation du numéraire, quel but se propose-t-on?

Celui d'éviter la rareté de l'argent, parce que lorsque l'argent est rare, il coûte cher. Élever le prix de l'argent pour l'empêcher de s'élever est donc une fausse mesure.

Enfin, en dehors même des intérêts du commerce, il ne convient pas de s'opposer au placement des capitaux à l'étranger : le capitaliste français n'est pas aventureux; trop souvent victime des manœuvres de la spéculation, il a appris par sa propre expérience à être très-circonspect; aussi recherche-t-il surtout, aujourd'hui, les affaires dont il peut chaque jour suivre la marche et apprécier la situation. Les valeurs françaises sont, par cette raison, l'objet de sa préférence. L'appât de bénéfices élevés offerts par des valeurs étrangères ne saurait donc provoquer l'émigration en masse des capitaux français; pour n'en citer qu'une preuve, les fonds espagnols donnaient naguère encore 7, 8 et même jusqu'à 10 0/0, et cependant l'existence de cette valeur n'a pas déterminé un courant important du numéraire français vers l'Espagne.

Les capitaux n'émigrent donc à l'étranger que lorsque le commerce et l'industrie du pays ne leur offrent plus des avantages suffisants. Une pléthore de capitaux ou le ralentissement du travail, telles sont les causes de cette émigration. Dans l'un et l'autre cas, il est inutile de conserver en France des capitaux condamnés par les circonstances à l'inaction et la stérilité.

Quelle que soit d'ailleurs la cause de l'émigration des espèces, elle ne saurait dépasser certaines limites. En admettant que le mouvement des affaires en éprouvât une gêne

momentanée, le commerce, devenu avide de numéraire, lui
créerait bientôt des avantages qui en arrêteraient l'importation et le feraient affluer ensuite de l'étranger vers la France.

Il ne faut donc pas chercher dans la sollicitude de la Banque de France pour les intérêts du commerce ou pour l'état
de la circulation monétaire la raison de ses mesures restrictives. La préservation de l'encaisse métallique en est la cause
essentielle. La Banque de France, non-seulement par fidélité
pour ses principes, mais aussi par les besoins mêmes de ses
opérations, a dû toujours attacher une grande importance à
la conservation d'importantes réserves. Le public, témoin de
cette sollicitude constante, s'est habitué lui-même à accorder
une haute signification à la situation de l'encaisse. Tout con-
court donc pour obliger la Banque à sauver à tout prix et
en toutes circonstances son trésor, d'ailleurs si exposé.

L'étude des conditions dans lesquelles la Banque de France
a souvent fait varier le taux de l'escompte montre que la
préservation de l'encaisse a toujours été sa préoccupation
essentielle. Je citerai à ce sujet les paroles de M. le comte
d'Argout, gouverneur de la Banque de France, extraites du
Compte-Rendu des opérations de 1847, année où, pour la
première fois depuis 1820, la Banque a élevé le taux de
l'escompte ; les faits cités sont instructifs à plus d'un titre :

« L'accroissement des besoins d'argent, disait M. d'Argout
le 27 janvier 1848 à l'Assemblée générale des actionnaires
et leur multiplicité, est un fait certain et qui n'est contesté
par personne. Qu'est-il arrivé? De toutes parts on s'est adressé
à la Banque, grand dépôt d'espèces, fort en évidence, réputé
inépuisable, et naguère jugé excessif; l'intérêt haussait en

divers lieux, et la Banque continuant à escompter aux mêmes conditions, les demandes ont redoublé. Aussi, pendant quatre mois consécutifs, avons-nous vu des millions sortir chaque jour de nos caves, et se diriger soit sous la forme de lingots, soit sous la forme de pièces de cinq francs, vers la Russie, l'Allemagne, la Hollande, la Belgique, la Suisse et même l'Espagne.

» Quant aux espèces, décentralisées de Paris et non exportées, retenues dans les départements, elles n'ont pu faire retour à la Banque. Lorsque les vivres renchérissent, une plus grande masse de numéraire devient nécessaire pour solder les achats journaliers. Les travaux, simultanément entrepris sur tous les points du territoire, ont été poussés avec plus d'activité, afin de soulager la gêne des classes laborieuses ; les sommes réparties en salaires et divisées en milliers de petites fractions se recomposent avec lenteur et ne reprennent que beaucoup plus tard la direction que les mouvements du commerce leur imprimaient habituellement.

» Cette situation conseillait des mesures restrictives. Dans un pays voisin, en pareille occurrence, on n'hésite jamais ; de nombreux précédents et des faits contemporains l'attestent suffisamment. Une législation plus sévère que la nôtre impose même ce pénible devoir à la plupart des institutions de crédit. La Banque de France a tenu à honneur d'ajourner toute décision de ce genre jusqu'à la fin de l'année, époque des règlements de compte, et par conséquent des grands besoins et des grands paiements ; elle a continué à subvenir avec libéralité à toutes les demandes. En procédant ainsi, nous pensons qu'elle a rendu au commerce un signalé service.

» La Banque s'était même flattée de l'espoir de traverser

cette époque difficile sans changer les conditions de l'escompte; elle n'a négligé aucun moyen, elle n'a épargné aucun sacrifice pour arrêter l'épuisement des réserves. Elle a acquis du Trésor, et elle a fait affiner l'argent contenu dans 15 millions de pièces démonétisées; elle s'est procuré sur place et en province 4 ou 5 millions de matières d'or et d'argent; elle a emprunté à des capitalistes anglais une somme de 25 millions de francs. Le produit de cet emprunt elle l'a employé à acheter à Londres des lingots d'argent et des piastres, qui se monnaient actuellement à Paris.

» Enfin, le moment est venu où il n'était plus permis de différer de prendre un parti. Le 14 de ce mois, une décision du Conseil général a élevé à 5 0/0 le taux de l'escompte des effets de commerce et des avances sur rentes et sur lingots. De toutes les mesures que la Banque pouvait adopter, c'était la moins dommageable aux intérêts qu'elle a constamment secondés de tout son pouvoir.

» Cette mesure suffira-t-elle? Nous aimons à l'espérer, mais nous n'oserions en donner l'assurance. L'avenir en décidera. Depuis le 15 de ce mois, les réserves ont cessé de baisser, le portefeuille est resté au même chiffre. La moyenne des échéances des effets escomptés n'excède pas trente-trois jours. C'est tout ce que nous pouvons vous annoncer aujourd'hui. »

VI

Ainsi, les mesures restrictives de la Banque sont une nécessité de sa situation actuelle. Si, par exemple, la rareté de l'or en Angleterre fait élever le taux de l'escompte à la

Banque de Londres, et que les banquiers anglais, pressés
par les besoins du commerce, aient avantage à soutirer l'or
de la France, la Banque de France doit, pour se mettre à
l'abri de leurs attaques, élever aussi le taux de son escompte;
l'intérêt de sa propre conservation lui fait un devoir de se
soumettre à cette nécessité. Si elle maintenait un taux tel
que l'or coutât moins cher chez elle qu'à Londres, son encaisse, incessamment affaiblie par les banquiers anglais,
pourrait être promptement épuisée, et son existence elle-
même compromise.

Si la crise monétaire, au lieu de se produire à l'étranger,
se produit en France, les obligations de la Banque sont les
mêmes.

Dans toutes les circonstances, en un mot, où la Banque
constate une forte diminution de son encaisse métallique, il
faut qu'elle élève l'escompte pour conjurer le danger qui la
menace. Si la préservation de l'encaisse n'était pas une nécessité de sa constitution actuelle, la Banque n'eût jamais songé
à faire varier le taux de l'escompte pour diriger la confiance
du commerce ou régler la circulation monétaire du pays.

Cette situation ne peut durer. Dans un pays qui possède
une circulation monétaire d'environ 4 milliards, la Banque
ne peut pas, parce que quelques dixaines de millions déser-
tent momentanément ses caves, forcer l'industrie à fermer
ses usines, le commerce à cesser ses transactions, les ouvriers à vivre sans travail, arrêter en un mot le développe-

ment de la richesse publique dans toutes ses branches, et faire succéder à une situation prospère un état de malaise dont la durée peut avoir des conséquences funestes.

## VII

Le taux de l'escompte a été invariable, ai-je dit, pendant les vingt-sept années écoulées de 1820 à 1847. Il est intéressant d'étudier les résultats de cette longue expérience. L'invariabilité du taux de l'escompte a-t-elle soulevé des discussions? Des voix autorisées se sont-elles élevées contre les inconvénients de cette mesure? L'a-t-on trouvée anormale, contraire aux intérêts du commerce? A-t-on cherché à substituer librement à cet état de choses un état meilleur?

Les Comptes-Rendus de la Banque de France disent assez le contraire.

A la suite de la crise violente de 1825, la Banque se félicitait d'avoir pu maintenir l'invariabilité du taux de l'escompte : « ... Pendant que les principales places de l'Europe étaient dans la plus grande gêne, disait M. Chevals dans le Rapport des Censeurs à l'Assemblée générale du 26 janvier 1826; que toutes les Banques, et spécialement la Banque d'Angleterre, effrayées de la crise commerciale et financière qui éclatait autour d'elles, élevaient à 5 au lieu de 4 0/0 le taux de leur intérêt; escomptaient par préférence les effets à des échéances réduites, et réduisaient en même temps les sommes affectées à leurs escomptes, la Banque de France a su maintenir autour d'elle la plus heureuse aisance; elle a continué d'escompter, au taux de 4 0/0, aux échéances les plus longues admises par ses statuts, ne mettant d'autres limites aux sommes qu'elle employait à cette opération que celles posées par la qualité du papier qui lui était présenté. »

Pour démontrer ma proposition d'une manière complète, je ferai encore de nombreuses citations.

Rapport des Censeurs du 29 janvier 1829. — M. Moreau :
« ... C'est par suite de cet état de choses si pénible pour le commerce et si fâcheux pour vos intérêts (la stagnation des affaires), qu'un de nos respectables collègues, dans le but d'attirer à la Banque des valeurs du haut commerce qui se négociaient depuis quelque temps à un taux inférieur à celui de 4 0/0, et dans l'espérance qu'une diminution du prix de l'escompte aurait un effet favorable pour toutes les branches industrielles et commerciales, a fait dernièrement au sein du Conseil général la proposition de réduire l'escompte de 4 à 3 0/0.

» Cette proposition, appuyée et combattue par des hommes également honorables et tous animés de l'amour du bien public, a été ajournée au 15 mars, époque à laquelle elle sera examinée et discutée de nouveau avec toute la maturité qu'elle commande. »

L'année suivante, le Rapport des Censeurs, du 29 janvier 1830, faisait connaître le résultat de cette étude :

« La proposition qui avait été faite de baisser le taux de l'escompte et de le fixer à 3 0/0 a été mise de nouveau en discussion au mois de mars dernier; mais des considérations d'un haut intérêt et la crainte d'être obligé de revenir au bout de quelques mois sur cette mesure, si des circonstances

imprévues venaient à exercer une pénible influence sur la
place ou qu'une rareté d'argent s'y fasse sentir, ont fait
ajourner encore cette proposition ; et ce qui s'est passé il y
a peu de jours a confirmé la sagesse de cette décision : le
but de l'augmentation des escomptes qu'on se proposait a
été atteint naturellement, et a contribué à vous donner un
meilleur dividende au second semestre qu'au premier. »

L'intérêt personnel de la Banque était évidemment en jeu,
et cependant la mesure fut ajournée.

Le Rapport de l'année suivante est muet sur le même
sujet.

Le Compte-Rendu de M. le Gouverneur, comte d'Argout,
à l'Assemblée du 26 janvier 1837, contient des détails aussi
intéressants qu'instructifs :

« Pendant le second semestre de 1836, la sécurité du
commerce a paru ébranlée ; la confiance s'est un instant
affaiblie. Dès le mois de juillet, quelques symptômes d'une
gêne partielle avaient commencé à se manifester. La marche
de nos manufactures avait été si rapide, qu'elle devait nécessairement subir un temps d'arrêt. Quelques exportations
de numéraire dont on a exagéré l'importance et qui maintenant sont sensiblement réduites, excitaient un certain om-
brage, lorsqu'une crise assez grave est survenue aux États-
Unis. La pénurie de numéraire y avait fait monter l'intérêt
de l'argent à un taux exorbitant. C'est à Londres que se fit
d'abord ressentir le contre-coup de cette crise. La Banque
d'Angleterre, malgré la puissance de ses moyens d'action et
son habileté si connue, se vit obligée d'élever le taux de ses
escomptes de 4 à 4 1/2 0/0, et plus tard à 5. La Banque

d'Amsterdam imita cet exemple : la France ne pouvait se soustraire entièrement à l'influence de ces événements, car le commerce du monde entier est plus ou moins solidaire. Bien que cette réaction commerciale ne nous soit arrivée que de seconde main, et par conséquent très-affaiblie, elle devait infailliblement développer les germes d'embarras que j'ai tout à l'heure signalés. Aussi, dans plusieurs villes du royaume, l'intérêt de l'argent s'éleva-t-il à 5, à 5 1/2, et même un instant à 6 0/0. L'argent devint rare; des demandes d'espèces furent adressées à Paris de divers points de la France et de quelques pays voisins. La réserve de la Banque pouvait seule en fournir; elle avait donc à pourvoir simultanément aux besoins de la capitale et à ceux des départements, ainsi que des États limitrophes. Si la Banque avait montré la moindre hésitation, les craintes seraient probablement devenues générales. Les fonds publics, qui déjà avaient fléchi, auraient peut-être subi une dépression beaucoup plus forte; cette gêne momentanée aurait pu se convertir en une crise réelle.

» La Banque, dans cette situation, n'a restreint ni les termes des échéances ni les crédits accordés à l'escompte. Elle a livré à la circulation 103 millions d'espèces et escompté 450 millions en six mois; elle a maintenu à 4 0/0 le taux de son intérêt lorsque cette limite se trouvait dépassée dans une grande partie de l'Europe. C'est ainsi qu'elle est parvenue à arrêter ou à amortir un mouvement qui semblait prendre un aspect sérieux.

» Mais pour y parvenir, elle a dû recourir à des précautions extraordinaires. La réserve décroissait avec promptitude; il fallait ralentir cette baisse. La Banque a acheté 8 millions d'or à Paris; elle a tiré de l'étranger 10,800,000 fr. en lingots d'argent...

» La réserve n'avait varié que de 61 et de 73 millions en 1834 et en 1835; mais en 1836, elle a baissé de 192 millions à 89, c'est-à-dire de 103 millions, et c'est ce qui a déterminé les mesures dont j'ai eu l'honneur de vous entretenir. Le 10 novembre, elle a atteint son minimum. Elle s'est promptement relevée; elle monte aujourd'hui à 107,969,000 fr. »

Compte-Rendu du 30 janvier 1840. — M. le comte d'Argout :

« Depuis 1836, des perturbations plus ou moins graves, plus ou moins prolongées, se sont successivement manifestées sur quelques-uns des marchés étrangers; leur contre-coup s'est fait ressentir en France. En 1836, en 1837 et en 1838, la Banque, par la promptitude de son intervention, a contribué d'une manière efficace à arrêter le mal à sa source; en 1839, le développement inusité de ses escomptes a servi à conjurer la crise qui menaçait le marché national...

» Pendant ces vicissitudes diverses, la Banque a maintenu invariablement le taux de ses escomptes à 4 0/0; aussi le taux général de l'intérêt n'a pas sensiblement varié en France, tandis qu'il s'est élevé à 6, à 8, à 10 0/0 par an, et même à 2, à 3 0/0 par mois dans d'autres pays. C'est toujours aux époques de gêne que la Banque a pourvu le plus abondamment aux besoins du commerce et de l'industrie. »

Rapport des Censeurs du 27 janvier 1842. — M. Odier :
« Si une expérience de vingt années n'avait pas prouvé

d'une manière décisive les avantages de la fixité du taux de l'escompte par la Banque, on aurait pu croire à la convenance de l'établir au-dessous de 4 0/0 ; mais, outre que ce cours n'est pas trop élevé, comparé à celui que rendent les valeurs du Gouvernement, à celui des placements sur hypothèques, au cours de l'intérêt de l'argent sur les autres grandes places d'Europe, la certitude pour le commerce de trouver constamment de l'argent sur de bonnes valeurs, à un taux égal et modéré, est un point si important pour la sûreté des opérations et le maintien du crédit, qu'il doit faire passer sur la possibilité d'avoir momentanément l'escompte au-dessous de 4 0/0, surtout quand il y a certitude qu'il faudrait l'élever dans les moments de gêne et d'embarras qui ne reviennent que trop souvent. Aucun des membres du Conseil de la Banque n'a pensé qu'une proposition puisse être remise en délibération dans l'intérêt fort éventuel d'une augmentation de produits. »

Il est à remarquer que l'intérêt au nom duquel la question des variations du taux de l'escompte était agitée n'était pas celui du commerce de la France.

Rapport des Censeurs du 28 janvier 1845. — M. Odier :
« Un fait pénible pour vos intérêts, c'est la diminution toujours plus forte depuis trois ans de vos dividendes... Cependant aucune crise n'a affligé le commerce en France ; les industries manufacturières ont été occupées ; la paix maintenue aurait dû donner de l'activité aux transactions, et la confiance dans l'avenir les encourager ; mais l'abondance de l'argent chez les capitalistes, les banquiers et une partie des commerçants, et la difficulté de lui procurer un

4

emploi convenable et sûr, a donné à la Banque des concurrents qui ont fait baisser le taux de l'escompte de presque toutes les valeurs à terme au-dessous de 4 0/0, cours fixé pour les escomptes de la Banque...

» Quelques actionnaires nous ont fait observer que la Banque, en diminuant le taux de son escompte, ferait venir une assez grande quantité de papier, non-seulement pour ne pas rendre cette différence onéreuse à ses intérêts, mais qu'elle serait de nature à augmenter ses bénéfices. Nous ne partageons pas cette opinion, et nous ne pouvons que vous répéter ce que nous vous avons dit précédemment sur la convenance de la fixité de ce cours de 4 0/0; qu'une expérience de plus de vingt ans en a fait sentir la sagesse et l'importance; qu'il assure au commerce la possibilité de satisfaire constamment à tous ses besoins d'argent dans les moments de pénurie, et même d'embarras; que les temps de la grande abondance d'argent ne sont pas d'assez longue durée pour risquer, après avoir baissé le cours, de devoir le relever promptement, et que, dans ce moment surtout, des opérations qui sortent du cours ordinaire des affaires sont plus à redouter qu'une continuité de langueur. »

Rapport des Censeurs du 29 janvier 1846. — M. Paillot :
« Pendant l'année qui vient de s'écouler, les actions de chemins de fer ont absorbé une grande partie des capitaux, qui, au commencement de cette même année, venaient s'offrir sur la place à moins de 4 0/0. Si, au moment où l'argent était abondant, la Banque se fût laissée aller à une baisse du taux de l'intérêt, elle eût ajouté une nouvelle surexcitation à la fièvre de la spéculation. En restant fidèle

à ses principes de prudence, il lui a été permis de présenter
au commerce un abri contre la réaction du mouvement de
la Bourse, et d'éloigner, par de larges escomptes, des embarras qui menaçaient de porter la perturbation dans les différentes branches de l'industrie. »


Lorsque l'application constante d'une mesure n'a pas pro-
voqué le besoin d'une mesure meilleure; lorsque, au contraire,
pendant une épreuve si prolongée, les voix les mieux autorisées en font l'apologie d'une manière incessante, cette
mesure doit être considérée comme bonne dans son essence.
Il devait en être ainsi, puisqu'elle émane, comme je l'ai
démontré plus haut, d'un principe rationnel.

Chaque fois que le taux de l'escompte a été élevé, cette
élévation n'a été adoptée que comme le douloureux remède
d'une situation critique. Cette vérité va ressortir de la suite
des citations.


J'ai déjà, en rappelant les termes du Compt-Rendu du
28 janvier 1847, fait connaître les conditions dans lesquelles
la Banque s'était vue forcée, le 14 janvier 1847, d'élever le
taux de l'escompte pour la première fois depuis vingt-six
ans. Dans le Rapport des Censeurs de la même date,
M. Moreau père disait :

« Enfin, le retrait des espèces paraissant ne pas devoir
encore s'arrêter au-delà de décembre, et de nouveaux besoins
pouvant venir réclamer de nouveaux services, des mesures
financières de haute prévoyance ont été jugées nécessaires.

et des négociations pour achats de métaux précieux, enta-
mées avec des capitalistes et banquiers étrangers, suivies et
conclues avec une confiance réciproque, vont fournir un
secours qui, secondé par quelques sacrifices passagers de-
mandés au commerce, notamment l'élévation du taux de
l'escompte, et réuni aux puissantes ressources qui sont en
la possession de la Banque, suffiront, Messieurs, nous l'espérons, pour faire face aux plus pressantes éventualités. »

Compte-Rendu du 27 janvier 1848. — M. le comte d'Argout, gouverneur :

« ... Le taux de l'escompte a été rabaissé à 4 0/0.

» ... La fixation du taux de l'escompte à 5 0/0 avait eu
pour but de ralentir l'écoulement des espèces.

» *Le Conseil général, forcé de prendre un parti, avait choisi
la mesure la moins dommageable aux intérêts du commerce ;
c'est ce que vous a déclaré notre précédent Compte-Rendu.
Cette mesure devait-elle suffire pour arrêter le mal ? Nous
avons ajouté que la Banque l'espérait, mais qu'elle n'osait
vous en donner l'assurance.*

» Nos prévisions se sont réalisées ; la Banque n'a pas été
forcée de recourir à des remèdes plus rigoureux ; elle n'a
ni restreint les échéances, ni réduit les escomptes. Elle a
pourvu largement à tous les besoins du commerce ; elle a
admis sans exception tout effet régulier, revêtu de signatures
solvables. Les rejets n'ont point excédé la proportion ordinaire. »

Rapport des Censeurs de la même date. — M. Odier :

« Vous savez, Messieurs, dans quelles circonstances pénibles le taux de l'escompte avait été élevé à 5 0/0 : la sortie continue des espèces de la Banque, par les envois qui s'en faisaient à l'étranger et dans l'intérieur de la France, en fit une nécessité... »

Du 15 mars 1848 au 6 août 1850, le cours forcé des billets de banque est appliqué :

« Malgré la hausse considérable de l'intérêt de l'argent, dit M. le comte d'Argout dans le Compte-Rendu du 25 janvier 1849, la Banque a maintenu le taux ordinaire de ses opérations ; elle a même réduit à 4 0/0 certaines transactions conclues à 6 0/0 par quelques banques départementales avant l'époque de la fusion. »

Le taux de 4 0/0 est maintenu en 1849, 1850 et 1851.

Compte-Rendu du 27 janvier 1853. — M. le comte d'Argout, gouverneur :

« La Banque, à son tour, a adopté une mesure d'une grande importance : prenant en considération l'abaissement général de l'intérêt de l'argent, et désirant donner une puissante impulsion à la reprise des affaires, elle a réduit à 3 0/0 le taux de ses escomptes, lequel fixé pendant longues années à 4 0/0, avait été momentanément relevé à 5 0/0 en 1847, afin de ralentir l'excès des demandes d'espèces adressées à cette époque à la Banque, et provoquées par des achats de grains à l'étranger, demandes qui, sans cet obstacle, eussent promptement tari nos réserves métalliques. »

Rapport des Censeurs de la même date. — M. Bayvet :
« Le taux de l'escompte a été abaissé à 3 0/0.

» L'abandon du taux de 4 0/0, qui, sauf l'élévation momentanée à 5 0/0 en 1847, avait été maintenu par la Banque,
est un pas de fait vers le système de l'intérêt mobile adopté
depuis longtemps dans un pays voisin. »

La Banque, cette fois, a oublié son rôle de régulateur
qu'elle avait souvent joué à l'égard du commerce. A ce
moment, le mouvement progressif était assez marqué en
France pour n'être pas surexcité par les mesures extra-
libérales de la Banque. Nous allons en reconnaître les effets
ultérieurs :

« Jamais, à aucune autre époque, dit M. le comte d'Argout
dans le Compte-Rendu du 26 janvier 1854, l'activité du
commerce, de l'industrie, des travaux publics et des spéculations de toute espèce, n'a été plus grande qu'en 1853,
surtout pendant les neuf premiers mois de l'année. »
    Et plus loin :
« Dans le cours de ces dernières années, le taux de
l'intérêt a varié plus fréquemment que dans les temps antérieurs. Le 5 mars 1852, la Banque, pour la première fois
depuis sa création, a abaissé de 4 à 3 0/0 l'intérêt de ses
opérations. Des causes généralement connues ont forcé le
Conseil général, le 7 octobre dernier, à remonter à 4 0/0 le
taux de cet intérêt. Le 17 du même mois, il a abaissé dans
une certaine mesure la quotité des avances sur les actions
et obligations de chemins de fer et sur les effets publics à
échéances déterminées et indéterminées. Le 20 janvier

courant, une nouvelle hausse a porté l'intérêt à 5 0/0.
Faisons des vœux afin que les circonstances permettent
bientôt à la Banque de marcher en sens inverse, en réduisant de nouveau le taux de ses escomptes. »

Compte-Rendu du 25 janvier 1855. — M. le comte d'Argout, gouverneur :

« Le taux de l'intérêt a été perçu sur le pied de 5 0/0
pendant cent douze jours dans le premier semestre de
l'année. »

Compte-Rendu du 31 janvier 1856. — M. le comte d'Argout, gouverneur :

« ... Pour lutter contre cette accumulation de circonstances intempestives, la Banque a eu recours à deux sortes
de mesures : elle a fait venir à grands frais, de divers pays
à Paris, 200 à 300 millions de métaux précieux, et elle a
mis en pratique des restrictions qu'elle avait précédemment
employées avec succès. Ces restrictions n'ont point empêché
la Banque d'élargir ses escomptes dans des proportions plus
étendues que jamais. »

Cet aveu est digne de remarque.

Et plus loin :

« Les mesures restrictives dont nous vous avons entretenu
ont commencé en octobre : le taux de l'escompte a été
haussé de 4 à 5 0/0, et ensuite de 5 à 6 ; une plus grande
marge a été exigée des demandeurs d'avances sur valeurs
de chemins de fer et sur rentes ; enfin, les échéances des
effets admis à l'escompte ont été restreintes de 90 jours à 75.

» Nous n'avons pas eu besoin d'aller plus loin dans cette

voie, ainsi que la Banque y avait jadis été forcée, et nous nous en félicitons. »

Compte-Rendu du 29 janvier 1857. — M. le comte d'Argout, gouverneur :

« En ce qui concerne les échéances, elles ont été prorogées, le 14 février 1856, de 75 jours à 90. Le 5 octobre, elles ont été restreintes de 90 jours à 60, et elles ont été reportées de 60 à 75 le 24 décembre dernier.

» En ce qui concerne le taux de l'intérêt, il a été réduit de 6 à 5 le 31 mars 1856, et le 25 septembre, il a été reporté de 5 à 6. Veuillez remarquer que, dans d'autres contrées, l'intérêt a été élevé plus haut. »

Compte-Rendu du 28 janvier 1858. — M. le comte de Germiny, gouverneur :

« La loi du renouvellement du privilége, en permettant l'élévation du taux de l'escompte, a dispensé la Banque d'avoir recours aux graves mesures de restriction des échéances, dont l'emploi, devenu indispensable en 1856, a cessé d'être appliqué le 27 février 1857.

» L'escompte qui, au 26 juin de la même année, avait été ramené au taux de 5 1/2 0/0, a été successivement élevé à 6 1/2 au 13 octobre, à 7 1/2 au 20 du même mois; le 11 novembre, il s'élevait à 8, 9, et 10 0/0, selon que l'échéance des effets atteignait 30, 60 ou 90 jours.

» A partir du 27 novembre, ce taux a été réduit de 1 0/0 dans les mêmes proportions; le 7 décembre, une nouvelle réduction de 1 0/0, toujours calculée de même, était appliquée.

» Enfin, le 18 décembre, la Banque revenait à un taux uniforme de 6 0/0, et le 29 décembre à celui de 5 0/0.

» Vous le voyez, Messieurs, beaucoup de mobilité; mais en vain eût-on voulu s'y soustraire, le prix des capitaux est un fait qu'il n'est guère permis de discuter. »

Compte-Rendu du 28 janvier 1859. — M. le comte de Germiny, gouverneur :

« L'abondance des espèces a permis cette année à la Banque de réduire le taux de ses escomptes.

» Ce taux, fixé à 5 0/0 au commencement de 1858, est descendu à 4 1/2 0/0 le 8 février;

» A 4 0/0, le 19 du même mois;

» A 3 1/2 0/0, le 11 juin;

» A 3 0/0, le 24 septembre, taux actuel. »

Compte-Rendu du 26 janvier 1860. — M. le comte de Germiny, gouverneur :

« L'escompte, qui était à 3 0/0 depuis le 24 septembre 1858, a été porté à 4 0/0 le 4 mai 1859, puis abaissé à 3 1/2 le 5 août : il est encore aujourd'hui à ce taux. »

Compte-Rendu du 31 janvier 1861. — M. le comte de Germiny, gouverneur :

« Lorsque, le 12 novembre, nous élevions l'escompte de 3 1/2 à 4 1/2 0/0, il était plus que probable qu'une élévation plus décisive serait bientôt indispensable. — 50 jours après, l'hésitation n'était plus permise : le 2 janvier, le Conseil de régence décida une nouvelle élévation de 1 0/0; puis le 8, une autre de 1 1/2 0/0, ensemble 3 1/2 0/0 en 57 jours.

» L'énergie de ces mesures n'a pas besoin d'être justifiée lorsque sur toutes les places de l'Europe, et particulièrement sur le plus important marché, celui de Londres, le prix des capitaux s'était élevé. L'immobilité eût produit l'exportation immédiate de nos espèces. C'est dans des cas semblables que la tutélaire et intelligente latitude donnée par les pouvoirs publics à la Banque veille sur nos institutions : son effet n'est jamais douteux, il ne s'est pas fait attendre. »

Que ce langage est différent de celui tenu aux Assemblées générales antérieures à celle de 1847 !

Pour terminer cette série de citations, je rapporterai enfin les paroles prononcées par M. Vuitry, commissaire du gouvernement au Corps Législatif, dans la séance du 30 mai 1857, pendant la discussion du projet de loi ayant pour objet la prorogation du privilége de la Banque de France :

« Quant à la durée des escomptes, le Conseil d'État n'a pu consentir à ce qu'on interdît à la Banque d'escompter à 60 jours. Voici pourquoi : De toutes les restrictions que la Banque est obligée d'imposer au commerce en temps de crise, la plus dure, la plus douloureuse, c'est assurément la restriction de la durée des échéances. Le Conseil d'État ne le méconnaît pas, et c'est pour cela précisément que le projet accorde à la Banque le droit d'élever le taux de ses escomptes au-dessus de 6 0/0 ; cela rendra moins nécessaire la diminution de l'échéance des effets escomptés. Quant à retirer absolument ce droit à la Banque, il ne le fallait pas, dans l'intérêt du commerce lui-même. Mieux vaut en effet, pour le commerce, voir la Banque restreindre la durée de ses échéan-

ces que de la voir refuser d'escompter. Or, la Banque pourrait être forcée de cesser ses escomptes si on lui retirait le
droit de restreindre les échéances. Mieux vaut le crédit de
60 jours seulement que pas de crédit du tout. Il a donc fallu
laisser à la Banque tous les moyens défensifs qui lui ont été
accordés dans l'intérêt même du commerce ; autrement on
amènerait le désastre de la Banque elle-même. Voilà à quel
point de vue le projet de loi fait pour le commerce tout ce
qu'il était possible de faire. »

Il est manifeste que, depuis l'époque où la variation du
taux de l'intérêt a succédé à sa constance, le langage de
l'empirisme a succédé au langage dicté par les principes
économiques. Les variations du taux de l'escompte ne dérivent d'aucun de ces principes ; aucune corrélation d'idées
primordiales n'en a démontré la nécessité ; elle est née, au
contraire, d'une difficulté spéciale, d'une cause étrangère à
la nature du taux de l'intérêt, étrangère aux rapports de
l'intérêt du capital avec le crédit public ; elle est née de
l'anomalie de l'encaisse.

Depuis, sous l'empire de nécessités croissantes, issues de
cette anomalie, les variations du taux de l'escompte ont été
érigées en principe ; des théories de toutes sortes ont essayé
de la justifier ; en outre, les exemples d'un pays voisin, très
expérimenté en matière de crédit, ont été souvent invoqués
comme argument, particulièrement dans le Compte-Rendu
précité du 27 janvier 1848.

J'ai fait ressortir l'inanité de celles de ces théories qui
ont eu le plus d'influence sur l'opinion publique. Quant à

l'exemple de l'Angleterre, il ne faut pas perdre de vue que l'anomalie de l'encaisse existe à la Banque d'Angleterre comme à la Banque de France; il ne faut pas perdre de vue qu'en vertu du trop célèbre bill de 1844, la Banque d'Angleterre doit, au-dessus d'une émission de 14 millions sterling égale à son capital, avoir toujours en caisse l'équivalent métallique de l'excédant de son émission. Si donc elle manque d'espèces, il faut qu'elle s'en procure à tout prix; si ses réserves sont attaquées, il faut qu'elle les préserve; il faut qu'au mépris de tout principe rationnel, elle élève le taux de l'escompte.

L'élévation du taux de l'escompte n'a pas été une seule fois appliquée sans provoquer dans le monde entier des affaires une clameur immense. Lorsqu'on réfléchit à ce résultat en lui-même, sans même remonter à sa cause, n'est-il pas évident qu'il dérive d'un principe mauvais? N'est-ce pas une loi générale, que lorsque l'action dirigeante est bonne, les intérêts en jeu sont satisfaits et gardent le silence; que lorsqu'elle est mauvaise, ces intérêts sont lésés et élèvent leur voix accusatrice?

Tel est donc l'enseignement qu'il faudrait tirer des récriminations incessantes du commerce à l'égard des variations du taux de l'escompte, si cet enseignement ne résultait des déductions plus élevées de la science économique : l'invariabilité du taux de l'escompte doit être un principe absolu de la Banque de France.

## CHAP. IV. — DE LA SOLIDITÉ INTRINSÈQUE DE LA BANQUE DE FRANCE.

### I

J'ai indiqué le principe originaire de l'émission des billets de banque; il repose sur la confiance illimitée inspirée à la nation par la solidité absolue de l'institution privilégiée, autorisée à émettre.

Il faut donc, pour que le cours légal des billets de banque puisse être institué en France, que les opérations de la Banque de France offrent les plus puissantes garanties.

Pour apprécier le degré de confiance que le pays peut lui accorder, je vais étudier ses opérations dans les principes qui les guident et les garanties qu'elles présentent.

### II

La situation publiée par la Banque au 13 février 1862 (date la plus récente au moment où j'écris) est la suivante :

**ACTIF.**

| | |
|---|---:|
| Argent monnayé et lingots................... | 108,608,916ᶠ77 |
| Numéraire dans les succursales............... | 245,667,204 » |
| Effets échus hier, à recevoir ce jour........... | 911,160 43 |
| *A reporter*.............. | 355,187,281ᶠ 20ᵉ |

|  |  |
|---|---|
| *Report*............ | 355,187,281ʳ 20ᶜ |
| Portefeuille de Paris, dont 74,788,895 fr. 92 cent. provenant des succursales................. | 344,337,360 40 |
| Portefeuilles des succursales, effets sur place.... | 317,997,868 » |
| Avances sur lingots et monnaies............... | 14,411,039 79 |
| Avances sur lingots et monnaies dans les succursales..................................... | 2,020,300 » |
| Avances sur effets publics français............. | 39,314,200 » |
| Avances sur effets publics français dans les succursales................................. | 7,228,000 » |
| Avances sur actions et obligations de chemins de fer.................................... | 39,478,000 » |
| Avances sur actions et obligations de chemins de fer dans les succursales................. | 16,779,100 » |
| Avances sur obligations du Crédit foncier........ | 242,300 » |
| Avances sur obligations du Crédit foncier dans les succursales............................. | 153,800 » |
| Avances à l'État sur le traité du 30 juin 1848..... | 30,000,000 » |
| Rentes de la réserve........................ | 12,980,750 14 |
| Rentes, fonds disponibles.................... | 27,151,698 93 |
| Rentes immobilisées (loi du 9 juin 1857)........ | 100,000,000 » |
| Hôtel et mobilier de la Banque................ | 4,000,000 » |
| Immeubles des succursales................... | 5,920,128 » |
| Dépenses d'administration de la Banque et des succursales............................. | 250,558 30 |
| Divers.................................... | 22,626,972 20 |
| TOTAL DE L'ACTIF......... | 1,340,079,356ʳ 96ᶜ |

## PASSIF.

|  |  |
|---|---|
| Capital de la Banque......................... | 91,250,000ʳ »ᶜ |
| Capital nouveau............................ | 91,250,000 » |
| Bénéfices en addition au capital (art. 8, loi du 9 juin 1857)............................... | 2,316,503 57 |
| Réserve de la Banque et des succursales (ex-banques)................................. | 12,980,750 14 |
| Réserve nouvelle........................... | 9,125,000 » |
| Réserve immobilière de la Banque............. | 4,000,000 » |
| Billets au porteur en circulation (Banque et succursales)................................. | 797,363,925 » |
| Billets à ordre payables à Paris et dans les succursales.................................... | 8,227,858 73 |
| *À reporter*............ | 1,016,516,037ʳ 44ᶜ |

|  |  |
|---|---|
| *Report*............ | 1,016,516,037ᶠ 44ᶜ |
| Récépissés payables à vue à Paris et dans les succursales................................ | 5,778,383 » |
| Compte courant du Trésor, créditeur........... | 86,496,828 64 |
| Comptes courants de Paris.................... | 180,598,207 52 |
| Comptes courants dans les succursales......... | 36,173,216 » |
| Dividendes à payer......................... | 1,987,144 75 |
| Arrérages de valeurs transférées ou déposées.... | 2,236,876 50 |
| Escompte et intérêts divers à Paris et dans les succursales.............................. | 5,736,150 28 |
| Réescompte du dernier semestre à Paris et dans les succursales........................... | 2,727,525 79 |
| Excédant de rentrées sur les effets en souffrance. | » » |
| Divers...... ........................... | 1,908,987 04 |
| Total du passif ............ | 1,340,079,356ᶠ 96ᶜ |

Cette situation, décomposée en vue des considérations dans lesquelles j'ai à entrer, prend la forme suivante :

### ACTIF.

|  |  |  |
|---|---|---|
| Encaisse métallique...................... | | 355,187,281ᶠ 20ᶜ |
| Portefeuille................. | 662,335,228ᶠ 40ᶜ | |
| Avances sur dépôts de titres et lingots.................. | 119,626,739 79 | |
| | 781,961,968ᶠ 19ᶜ | 781,961,968 19 |
| Somme totale disponible en espèces après réalisation du portefeuille, et remboursement des avances........................... | 1,137,149,249ᶠ 39ᶜ | 1,137,149,249ᶠ 39ᶜ |
| Solde créditeur du compte de l'État, selon détail ci-après............... | 83,635,620ᶠ 43ᶜ | |
| Hôtel et immeubles .......... | 9,920,128 » | |
| Divers..................... | 22,626,972 20 | |
| Ressources diverses de la Banque. | 116,182,720ᶠ 63ᶜ | 116,182,720 63 |
| Total de l'actif... | | 1,253,331,970ᶠ 02ᶜ |

### PASSIF.

|  |  |  |
|---|---|---|
| Billets en circulation......... | 797,365,925ᶠ »ᶜ | |
| — à ordre............... | 8,227,858 73 | |
| — à vue .............. | 5,778,383 » | |
| Émission totale, immédiatement exigible (sauf les billets à ordre). | 811,372,166ᶠ 73ᶜ | 811,372,166 73 |
| À reporter............ | | 811,372,166ᶠ 73ᶜ |

Report............. 811,372,166ᶠ 73ᶜ

Comptes courants déposés par les particuliers, somme immédiatement exigible ................................. 216,771,423 52

Divers ................................................ 14,867,242 66

Total du passif... 1,043,010,832ᶠ 91ᶜ

Le compte courant de la Banque avec l'État s'établit comme suit :

### ACTIF.

Avances faites au Trésor............... 30,000,000ᶠ »ᶜ
Rentes sur l'État...................... 140,132,449 07

Total .... 170,132,449ᶠ 07ᶜ    170,132,449ᶠ 07ᶜ

### PASSIF.

Déposé par le Trésor en compte courant..... 86,496,828ᶠ 64ᶜ    86,496,828 64

Solde créditeur en faveur de la Banque............ 83,635,620ᶠ 43ᶜ

Ainsi, la Banque possède 1,253,334,970ᶠ 02ᶜ
pour payer................... 1,043,010,832 91

    Somme en excès..... 210,324,137ᶠ 11ᶜ

    Son capital social est, en
effet, de..................... 182,500,000 »

    Le surplus, formant un
total de ................... 27,824,137ᶠ 11ᶜ
provient de réserves et divers.

L'inspection du compte que je viens d'établir, montre que si le portefeuille est réalisé et si les avances sur dépôts de titres sont remboursées, la Banque possède une somme métallique supérieure de 210 millions à la somme nécessaire pour payer, en espèces, les 797 millions de billets de banque émis.

Ainsi, tout billet de banque qui circule est représenté à la

Banque, pour une somme égale, par des espèces sonnantes, effets de commerce en portefeuille, titres d'effets publics ou de valeurs industrielles. L'émission totale est, en outre, garantie par un capital de 210 millions représenté de la même manière.

Pour que la Banque de France présente une solidité absolue, pour que le billet de banque soit toujours et pour tout citoyen la représentation d'une valeur réelle égale existant à la Banque, il faut que les créances de la Banque soient, par leur nature, d'une réalisation sûre; il faut que les temps rigoureux ne puissent imposer à cette institution que des sacrifices légers et accidentels, trop faibles pour atteindre d'une manière sérieuse son capital, dernier rempart de sa puissance.

Les créances de la Banque étant essentiellement représentées :
    1° par des effets de commerce,
    2° par des titres d'actions et obligations industrielles,
    3° par des titres émanant de l'État,
j'étudierai successivement les garanties offertes par ces trois sortes de créances.

### III

EFFETS DE COMMERCE. — L'institution des Conseils d'escompte a été créée par la Banque de France en vue de présider à l'admission à l'escompte des effets de commerce.

5

Le mécanisme de cette institution est si heureusement conçu, qu'il fonctionne aujourd'hui avec une régularité, pour ainsi dire, parfaite.

Pour apprécier l'étendue des services que les Conseils d'escompte rendent à la Banque de France, il est nécessaire d'envisager l'effet de commerce dans les circonstances diverses qui lui donnent naissance.

D'ordinaire, l'effet de commerce est créé dans les conditions suivantes :

Un industriel ou négociant achète de la marchandise : s'il ne lui convient pas d'en payer immédiatement le montant en espèces, il s'engage à effectuer ce paiement dans un délai déterminé, il crée en faveur du vendeur un billet à ordre ou effet de commerce.

Le vendeur, confiant dans la solvabilité et la bonne foi de l'acheteur, accepte cet engagement en échange de la marchandise qu'il livre.

Si ce vendeur a besoin d'argent, il passe l'effet de commerce à l'ordre de son banquier, qui lui en remet, sauf escompte et commission, le montant en espèces.

A son tour, le banquier, quand il désire renouveler ses espèces, passe l'effet à l'ordre de la Banque de France et le lui présente à l'escompte.

L'effet de commerce, créé dans les conditions que je

viens d'établir, offre un caractère qu'il importe de faire ressortir :

Pour qu'un effet de commerce ait une valeur réelle, il faut que le souscripteur le rembourse à l'échéance. Ce souscripteur aura-t-il les moyens de payer? L'effet de commerce, par sa nature même, en offre une première garantie :

Lorsque des matières sont versées dans une industrie, l'industriel, producteur ou commerçant, leur donne par son travail, par les moyens dont il dispose, des propriétés nouvelles qui en augmentent l'utilité, par suite la valeur. Si donc cet industriel achète pour une somme déterminée de matières, ces matières seront échangées, peu de temps après, sous leur nouvelle forme, contre une somme supérieure au prix d'achat.

Par conséquent, lorsqu'un effet de commerce représente l'achat fait par un industriel des matières nécessaires à son industrie, on sait que, dans la généralité des cas, cet industriel aura bientôt, à l'aide des matières que l'effet de commerce lui a permis d'acquérir, des moyens plus que suffisants pour payer le prix de ces matières, pour payer le montant de l'effet de commerce.

Ainsi, l'effet de commerce, par la nature de l'échange qu'il réalise, a pour objet de créer les ressources destinées à son propre acquittement.

En outre, lorsque le détenteur d'un billet à ordre présente ce billet à son banquier pour en toucher le montant, le banquier n'accepte l'échange qu'après avoir constaté, par la nature de l'opération representée, par la confiance que lui inspirent les deux signatures, que la valeur du billet est réelle.

Par conséquent, un effet de commerce détenu par un banquier offre une double garantie : celle due à sa nature, celle née du contrôle du banquier.

En vue d'obtenir cette double garantie, la Banque de France n'admet à l'escompte d'autres effets que ceux de commerce, et elle exige que ces effets portent au moins trois signatures.

Lorsqu'un effet de commerce est présenté à la Banque, la sincérité de l'engagement souscrit, la preuve qu'il représente bien une opération commerciale, résulte en premier lieu des qualités du souscripteur et du souscrit. Si un maître de forges fait un billet à l'ordre d'un directeur de houillères, un négociant en tissus à un fabricant de ces produits, un artisan au commerçant détenteur des matières premières de son art, le billet représente, d'une manière à peu près certaine, une opération commerciale.

Mais un degré de certitude plus élevé résulte de l'intervention du banquier, intermédiaire plus intéressé encore que la Banque à ce que l'engagement souscrit soit payé à l'échéance. Le banquier, en effet, moyennant un bénéfice toujours très minime par rapport au montant du billet, endosse vis-à-vis de la Banque elle-même la responsabilité du paiement de ce billet. Ainsi la Banque, en exigeant la troisième signature, atteint ce résultat, que le banquier non-seulement vérifie gratuitement pour elle la sincérité de l'effet de commerce, mais encore répond par sa fortune entière de ne pas s'être trompé.

Il est inutile de faire observer que les conditions sont les mêmes si la troisième signature, au lieu d'être celle d'un banquier, est celle d'un négociant, et que plus les signatures sont nombreuses sur un effet présenté à la Banque, plus l'effet offre de garanties.

Mais, jusqu'à présent, les garanties naturelles offertes par les trois signatures d'un effet de commerce présenté à l'escompte de la Banque, ne sont pour ainsi dire que virtuelles : la Banque leur donne une réalité par les investigations spéciales auxquelles elle se livre, sur chaque effet, pour connaître avec certitude la valeur qu'il représente.

D'ailleurs, en cas de non paiement d'un effet par le souscripteur, la Banque de France a, par les lois du commerce, recours en paiement intégral du montant de l'effet contre tel endosseur qu'il lui convient.

Telle est l'économie du principe. S'il est éminemment rationnel en lui-même, l'application n'en est pas moins parfaite :

Tout effet présenté à la Banque de France est soumis à l'examen du Conseil d'escompte.

Ce Conseil est composé d'industriels, négociants ou financiers, choisis parmi les plus élevés par la position sociale et les plus distingués par les qualités morales et intellectuelles.

Dès qu'une somme de plusieurs milliers de francs figure sur un effet, les noms des signataires de l'effet sont relevés par la Banque; un compte de renseignements est ouvert à chacun de ces noms et reçoit l'indication de toute somme nouvelle souscrite.

Par ce mécanisme très-simple en lui-même, la Banque de France peut suivre les opérations d'un négociant dans toutes les phases qu'elles peuvent traverser :

Au début, la Banque de France ne lui accorde un crédit quelconque qu'après avoir acquis par le Conseil d'escompte la certitude de sa solvabilité.

Cette solvabilité est mise à l'épreuve à l'échéance, et si l'épreuve est bonne, la Banque est disposée à accorder un crédit nouveau.

De la sorte, quand les affaires du négociant suivent un cours régulier, ses présentations à l'escompte sont périodiques et le crédit qu'il sollicite est toujours à peu près le même. La Banque, constamment renseignée par son Conseil d'escompte sur la position du négociant, lui accorde ce crédit sans discussion.

Si le négociant étend le cercle de ses affaires, l'émission de son papier augmente, le montant de ses présentations à l'escompte s'élève. La Banque s'en aperçoit aussitôt. Le Conseil d'escompte constate la cause de cet accroissement par une enquête officieuse et confidentielle, et la Banque élargit son crédit en conséquence.

Si l'accroissement d'émission constaté est dû à des embarras naissants, l'enquête du Conseil d'escompte les fait découvrir. La Banque, instruite de cette situation, remplit alors une mission tutélaire ; elle essaie de prévenir par de salutaires avis les refus dont elle serait obligée d'accueillir toute émission nouvelle. Tantôt elle invite à la prudence le banquier ordinaire du négociant ou les divers endosseurs de l'effet présenté, tantôt elle invite le négociant lui-même à modérer ses émissions. Dans tous les cas, elle s'efforce d'éloigner d'une pente fatale le groupe commercial qui s'y laissait entraîner par le courant des affaires.

C'est en vain que, pour dissimuler une situation embarrassée, on chercherait à disséminer en plusieurs villes une demande exagérée de crédit. Cette tactique ne saurait tromper la vigilance de la Banque de France ; chaque Succursale de province adresse périodiquement à l'Administration centrale de Paris des états sur lesquels figurent les noms des escomptés et le montant des crédits qui leur sont accordés ; ces états sont reportés, par un dépouillement, sur les livres de renseignements, où les divers crédits partiels de chaque nom s'additionnent en un crédit total dont on fait ainsi ressortir l'importance.

Les résultats de ces dépouillements sont transmis aux succursales, et, de la sorte, il n'est pas de situation anormale, dans le monde des affaires, qui puisse échapper au contrôle incessant des Conseils d'escompte ; la Banque de France est un immense creuset où le commerce entier de la France passe à l'épreuve de l'examen le plus rigoureux.

Tel est le système de précautions mis en pratique par la Banque, telles sont les garanties puissantes que présentent les effets de commerce admis dans son portefeuille. Si, à un moment quelconque, on faisait le dépouillement de tous les noms inscrits sur ces effets, la majeure partie des industriels, commerçants et financiers du pays y figureraient. Ainsi, les ressources entières de l'industrie, du commerce et de la finance, garantissent, pour ainsi dire, par parties, à la Banque de France, la valeur réelle de son portefeuille.

Les considérations qui précèdent ne sont pas les déductions hypothétiques d'une vaine théorie; les événements l'ont prouvé d'une manière éclatante.

Dans le Rapport des Censeurs du 29 janvier 1835, M. Moreau disait :

« L'origine du compte d'effets en souffrance remonte à l'an XI (c'est-à-dire trente-deux ans). La totalité des sommes passées à profits et pertes, depuis cette époque jusqu'à ce jour, pour couvrir les pertes éventuelles du portefeuille, pendant et par suite des diverses crises éprouvées par le commerce, s'élève à 1,973,914 fr. 25 cent.

» La part des pertes qu'on doit attribuer à chaque crise et à ses suites, se divisent, ainsi que le constatent les livres de la Banque, de la manière suivante :

» La crise de 1806 à 1809 sur 400,000 fr. d'effets restés en souffrance, a donné une perte de ....... 9,811$^f$ 47$^c$

» Sur 987,000 fr. pendant les crises de 1810, 1814, 1818, jusqu'au 31 décembre 1826, la perte a été de . . . . . . . . . . 6,830 »

» Celles de 1827, 1828, et jusqu'au 30 juin 1830, sur 700,000 fr., ont causé une perte de . . . . . . . . . . . . . . . . . 151,980 »

» Enfin, les crises des six derniers mois de 1830 et du 1$^{er}$ semestre 1831, sur 6,300,000 fr. . . . . . . . . . . . . . . . 1,805,292 78

» Total égal aux sommes passées à profits et pertes depuis l'an XI jusqu'à la fin de 1834 . . . . . . . . . . . . . . . . . . 1,973,914$^f$ 25$^c$»

Or, de 1800 à 1834, la Banque avait escompté au commerce (¹) une somme totale de 14976 millions, soit 15 milliards. La perte de 1,973,914 fr. 25 cent. représente donc moins de 1/7500 du montant des escomptes de la Banque.

A une époque plus rapprochée, la Banque de France avait escompté, dans l'année 1847, 1,800 millions de fr. de papier de commerce. La Révolution est arrivée, ébranlant l'ordre social et jetant la perturbation dans les fortunes privées. Au milieu de ce désordre politique et financier, les pertes de la Banque de France n'ont atteint, d'après les comptes de 1854, que la somme de 1,215,000 fr.

Quelquefois, il est vrai, des événements imprévus, les brusques effets de crises violentes, ont empêché la réalisation naturelle d'une partie du portefeuille ; le montant des effets en souffrance a souvent atteint des sommes élevées ; mais les créances, si elles n'étaient pas immédiatement réalisables, n'en étaient pas moins sûres : leur liquidation l'a toujours pleinement démontré. Ainsi, peu de temps après le 24 février, le montant des effets en souffrance à la Banque s'éleva à la somme de 84 millions de francs. A la fin de 1849, il n'était plus que de 8,419,000 fr. ; en 1850, de 4,567,191 fr. ; enfin, en 1854, comme je viens de le dire, il était descendu au chiffre de 1,215,000 fr.

Le système des Conseils d'escompte est donc un mécanisme aussi complet dans son fonctionnement que dans son

(¹) Voir tableau A.

principe; le papier de commerce que les Conseils d'escompte
font entrer dans le portefeuille de la Banque représente des
valeurs réelles. Dans les crises violentes, quelques-unes de
ces valeurs peuvent ne pas être d'une réalisation immédiate;
mais elles n'en sont pas moins sûres, en presque totalité, et
celles qui ne peuvent échapper au naufrage représentent un
capital faible relativement au capital social qui leur sert de
garantie. La solidité intrinsèque de la Banque, au point de
vue de ses opérations d'escompte au commerce, est donc
très-grande; on ne conçoit pas une organisation plus puissante que celle qui préside à l'admission des valeurs destinées à composer son portefeuille; par suite, on ne peut
demander à la Banque que de maintenir ce qu'elle a créé
et de persévérer dans le système de sagesse et de prudence éclairée auquel elle doit sa prospérité et sa puissance
morale. Les traditions de son passé sont, d'ailleurs, autant
que la force de sa constitution intérieure, le gage de
l'avenir.

Je dois néanmoins faire une observation :

Pendant une certaine période de l'existence de la Banque,
le régime de la prohibition a détruit en Europe tout lien
parmi les grandes nations commerçantes; plus tard, des lois
douanières largement protectrices n'ont que faiblement
atténué la rigueur de ce régime. Le commerce extérieur de
la France a donc langui pendant de longues années;
d'ailleurs, les marchés les plus importants de la France
étaient alors l'Asie et l'Amérique, et les échanges avec ces
pays se traitaient le plus souvent au comptant; les lettres
de change étrangères étaient donc très-rares à la Banque

et n'occupaient qu'un rang secondaire dans ses escomptes.

Depuis que les peuples ont mieux compris les principes de solidarité commerciale qui enchaînent leurs destinées, depuis que les lois douanières ont manifesté la tendance des gouvernements vers le régime de la liberté commerciale, les relations extérieures des divers pays ont pris leur essor, et le commerce de nation à nation s'est développé sur une vaste échelle.

Dans ce nouvel état de choses, la Banque de France est aujourd'hui, avec ses Succursales aux frontières et aux ports de mer, en relation non plus seulement avec le commerce de la France; mais avec le commerce du monde entier. Une extension aussi immense du champ de ses opérations impose des devoirs nouveaux à sa circonspection et à sa prudence.

Je n'ai examiné la question du papier de commerce qu'au point de vue de la solidité intrinsèque de la Banque. Mais il ne suffit pas, dans les moments de crise surtout, que la Banque ait dans son portefeuille des valeurs sûres; il faut qu'elle puisse, sans éprouver de gêne, continuer le cours de ses opérations. Or, si une partie de son portefeuille est en souffrance (et c'est surtout en temps de crise que le montant des effets en souffrance est considérable); si les rentrées d'espèces sur lesquelles elle compte à l'échéance n'ont pas lieu; si elle se trouve, d'ailleurs, en présence de demandes d'espèces métalliques croissantes, comment la Banque peut-elle remplir ses obligations, satisfaire tous les besoins? Je reviendrai sur ce point essentiel.

# IV

Avances sur dépôts de titres. — Depuis que la France s'est lancée résolûment dans la vaste carrière offerte à son activité par le progrès industriel, le système de l'association des capitaux s'est développé sur une vaste échelle; l'exécution des grands travaux d'utilité publique, l'exploitation des diverses sources de la richesse nationale, les opérations financières nécessitées par les conditions nouvelles faites au capital, ont donné naissance à des Sociétés nombreuses montées en actions. Ces Sociétés ont déversé, depuis quelques années, dans la circulation, une quantité de titres représentatifs de leurs capitaux, dont le montant s'élève à plusieurs milliards.

Au début de ce grand mouvement, la spéculation, en des moments d'ivresse qui rappelaient les beaux jours de la Compagnie des Indes, a fait attribuer à ces titres des valeurs exagérées. L'effervescence passée, quelques fortunes subites nées et un grand nombre de ruines consommées, la valeur des titres est descendue à son niveau naturel, le niveau correspondant à la valeur réelle représentée. Ces divers titres ont aujourd'hui une valeur calculée de telle sorte, que l'intérêt qu'ils rapportent varie entre les limites d'environ 4 à 7 0/0, selon leur nature, leur solidité et leur avenir.

Ces titres, autant par eux-mêmes que par la sanction libre que le public leur accorde d'une manière permanente, représentent donc des valeurs réelles. Ces valeurs réelles sont des espèces métalliques, des créances de l'État, des propriétés territoriales, des industries, des chemins de fer, des canaux;

en outre, elles sont souvent garanties par des hypothèques légales, par les municipalités, par l'État. La sécurité qu'elles offrent ne saurait être plus complète.

La Banque de France fait, en vertu de ses statuts fondamentaux du 16 janvier 1808, des avances sur effets publics à échéances déterminées; en vertu de la loi du 17 mai 1834, des avances sur tous effets publics français à échéances déterminées ou indéterminées; et en vertu du décret du 3 mars 1852, des avances sur actions et obligations de chemins de fer. Elle ne peut avancer, au plus, que les 4 cinquièmes de la valeur des titres; mais sa prudence lui a dicté des limites plus restreintes, variables selon le degré de confiance qu'elle attribue à chaque nature de titre. Si l'emprunteur ne couvre pas la Banque de toute baisse de 10 0/0, elle a le droit, pour se rembourser, de vendre les titres qu'il a déposés

On a souvent discuté s'il convenait à la Banque, à son but autant qu'à l'intérêt de sa propre sécurité, de persévérer dans les opérations d'avances sur dépôts de titres.

On ne saurait condamner ces opérations parce que les Statuts de 1808 ne les autorisent pas : les conditions de la circulation fiduciaire se sont radicalement transformées depuis l'époque où ces Statuts ont été établis. A cette époque, les besoins que les progrès de l'industrie ont ultérieurement créés ne pouvaient être prévus. Dès qu'ils se sont manifestés, des lois ont étendu les attributions de la Banque de France.

D'ailleurs, les craintes éveillées dans certaines régions de l'opinion publique par les opérations d'avances sur dépôts de titres ne se justifient pas par l'exagération du montant de ces avances. Depuis l'année 1836, l'escompte du papier de commerce a toujours constitué au moins (¹) les 7/10 du montant total des opérations de la Banque, sauf de légères exceptions pendant trois années déjà éloignées de nous. La proportion atteignait 9/10 en 1857, et 7,8/10 en 1860. Il ne faut donc pas chercher dans ce genre d'opérations les causes des embarras et des dangers de la Banque de France.

Pour résoudre la question, je comparerai, au point de vue de leurs garanties respectives, l'effet de commerce et le titre.

Ainsi que je l'ai établi, l'effet de commerce porte en lui, par la nature de l'opération qui lui donne naissance, le gage moral de sa libération. Il offre, en outre, les garanties de trois signatures reconnues solvables.

Lorsqu'on sollicite une avance de fonds sur dépôts de titres, ces fonds sont, d'ordinaire, destinés, non à une opération commerciale, mais à une dépense, à un achat souvent improductif, quelquefois même à une spéculation hasardée, peut-être ruineuse.

Il ne faut cependant pas exagérer les conséquences d'une avance de fonds :

Quand la Banque escompte un effet de commerce à trois signatures, elle reçoit, en définitive, un engagement souscrit

(¹) Voir tableau A.

par trois personnes. Quand elle fait une avance sur dépôt de titres, elle reçoit un engagement de l'emprunteur ; elle reçoit, en outre, un titre ayant une valeur réelle, un titre coté sur un marché public. Qu'importe, jusqu'à un certain point, à la Banque, que l'emprunteur fasse de l'argent qu'elle lui avance tel ou tel usage ? Cet argent servira, il est vrai, à faire une dépense au lieu de servir à faire une opération commerciale ; mais parmi l'échange, n'y a-t-il que l'échange commercial ? L'échange commercial, au contraire, n'a-t-il pas pour but définitif l'échange destiné à la consommation ? L'échange fait en vue d'une consommation est donc un échange rationnel, normal ; un prêt sur dépôt de titres ne signifie pas une position gênée de l'emprunteur ; les personnes jouissant des fortunes les mieux assises peuvent, à un moment donné, avoir besoin d'une avance de fonds sur dépôt de titres. Ainsi, le prêt sur dépôt n'a pas en lui-même un caractère qui puisse faire naître des doutes sur la solvabilité de l'emprunteur.

Mais j'admets un instant que l'emprunteur ne soit pas solvable : qu'importe encore, jusqu'à un certain point, à la Banque, que l'avance faite par elle ne puisse être restituée ? Elle possède des titres ayant une valeur réelle ; il existe un marché de ces titres ; elle est donc maîtresse, ou de les garder en sa possession, ou de les vendre. Dans l'une ou l'autre alternative, ses intérêts sont sauvegardés.

Je raisonne, il est vrai, dans l'hypothèse la plus favorable ; je supposerai d'autres conditions :

La Banque, dans une nouvelle hypothèse, a fait sur une vaste échelle des avances sur dépôt de titres ; elle possède une masse de titres. Tout à coup une de ces catastrophes politiques ou financières qui ont pour conséquence de déprécier

les meilleures valeurs, jette la perturbation dans le pays.
Frappés d'une manière inattendue, les emprunteurs deviennent insolvables. Que deviendra la Banque?

Si la Banque, fidèle à ses principes de haute prudence,
n'a accepté que des titres ayant une valeur réelle supérieure
aux avances faites; si elle a su dégager la valeur réelle des
titres du prestige que leur donne la spéculation, elle continuera à posséder des valeurs réelles destinées à survivre à
tous les événements. Ces valeurs seront des chemins de fer,
des canaux, des industries diverses de matières premières.
Les intérêts de la Banque, au point de vue de la valeur réelle
possédée, seront donc toujours saufs; la valeur des effets
de commerce contenus dans son portefeuille s'évanouira
avant que celle des titres en sa possession, titres qui représentent la substance la plus essentielle de la richesse du
pays, ait été sérieusement atteinte.

Un seul écueil, redoutable dans ses effets, peut obliger la
Banque de France à apporter une grande réserve dans ses
opérations d'avances de fonds sur dépôt de titres : si tout à
coup une masse de titres restait entre ses mains par l'effet
du non-remboursement de ses avances, comment elle-même
rembourserait-elle ses billets à vue et au porteur?

J'ai déjà signalé cette difficulté à l'occasion des effets de
commerce en souffrance. Je reviendrai sur ce point.

## V

AVANCES A L'ÉTAT. — Il est intéressant de comparer les
Banques d'Angleterre et de France au point de vue de leurs
avances à l'État.

Les emprunts de l'État jouent un rôle important dans les
opérations de la Banque d'Angleterre. Un emprunt lui a
donné naissance; des emprunts ont déterminé les augmentations successives de son capital. Ce capital a toujours été, à
peine formé, confié aux mains de l'État; la Banque d'Angleterre n'en a jamais eu la libre disposition. Tandis qu'il était de
1,200,000 liv. sterl. (30,000,000 fr.) à l'origine, en 1694,
il a atteint aujourd'hui le chiffre d'environ 14,000,000 liv.
sterl. (350,000,000 fr.), et non-seulement le Gouvernement
anglais est débiteur de cette somme, mais la Banque lui fait
en outre, selon ses besoins, des avances dont l'importance
est de même ordre.

Les idées générales de la nation anglaise, en matière de
crédit public et privé, autant que les traditions du passé,
ont contribué à cimenter les relations de la Banque avec
l'État, à la placer sous la dépendance directe du Gouvernement, dont elle est devenue l'instrument fidèle et soumis.
L'anomalie de l'infériorité de l'encaisse par rapport à l'émission, aggravée par l'impuissance où le Gouvernement anglais
s'est souvent trouvé de payer ses dettes, a plusieurs fois placé
la Banque d'Angleterre dans des situations difficiles; les suspensions de paiements de 1696 et 1797, par exemple, sont
dues au non-remboursement des emprunts de l'État; l'appui
moral de la nation a surtout aidé la Banque à surmonter
tous les obstacles.

L'Empereur Napoléon Ier voulut aussi se servir de la
Banque de France, dans les premières années de sa fonda-

tion, comme d'un instrument utile à ses desseins : la Banque fut obligée, malgré sa résistance, de faire au Trésor public, sur obligations des receveurs généraux, des avances qui ne furent pas remboursées. Bientôt ses découverts vis-à-vis de l'État, quoique ne dépassant pas quelques dizaines de millions, effrayèrent l'opinion publique. En 1805, sous l'influence de bruits sinistres, une panique s'empara des esprits ; les détenteurs de billets se portèrent en masse à la Banque pour échanger ces billets contre de l'argent ; la Banque ne put répondre à ces demandes imprévues, et fut obligée de limiter à 500,000 fr. par jour le montant de ses remboursements. La victoire d'Austerlitz ranima la confiance publique.

A son retour d'Allemagne, l'Empereur reconnut la nécessité de donner à la Banque une constitution qui reposât moins sur une solidarité hypothétique des individus vis-à-vis du Gouvernement, que sur des garanties plus directes et plus matérielles. La loi du 22 avril 1806 constitua la Banque de France sur ses bases définitives, et un décret du 16 janvier 1808 établit ses statuts fondamentaux. L'œuvre fut perfectionnée, mais resta incomplète.

La Banque fut encore, sous le même règne, obligée de faire contre son gré des avances au Trésor public. « Quoique la Banque, disait M. Lafitte, gouverneur provisoire, à l'assemblée générale du 28 janvier 1815, se trouvât avoir disposé de la totalité de son capital, on exigea, plus tard, un nouveau prêt de 35 millions sur des obligations des Droits-Réunis. C'était compromettre évidemment le crédit de la Banque que d'immobiliser en quelque sorte une somme aussi considérable prélevée sur le produit de la circulation de ses billets. La résistance du Conseil fut inutile, et la mesure n'en reçut pas moins son exécution. On en vit plus tard les funestes effets; ils se firent principalement sentir au commencement de l'année dernière. Le Trésor ne paya point 14 millions échus dans les mois de novembre et décembre 1813. La Banque qui, avec cette somme, aurait remboursé tous ses billets à bureau ouvert, fut contrainte de réduire leur échange à 500 mille francs par jour et de refuser au commerce les escomptes qu'il n'a jamais trouvés dans les moments de besoin. »

Quoique le total des emprunts contractés par l'État à la Banque depuis le commencement du siècle atteigne plusieurs milliards (¹), les rapports de la Banque avec le Trésor n'ont donné lieu, depuis la Restauration, à aucune difficulté sérieuse; le Trésor a toujours remboursé les avances qui lui étaient faites dans des délais suffisants pour éviter les appréhensions de l'opinion publique. Bien souvent même la Banque s'est plu à reconnaître que l'État respectait l'indépendance avec laquelle elle discutait ses propres intérêts vis-à-vis de lui, et apportait dans l'exécution des traités intervenus autant de loyauté que de scrupuleuse exactitude.

Tel est donc le caractère distinctif des deux Banques d'Angleterre et de France. En Angleterre, la Banque peut ouvrir à l'État le crédit le plus large, même sans espoir de remboursement, ainsi qu'il arrive, à peu près, pour l'avance faite de son capital, sans que la confiance publique soit sérieusement atteinte; l'État, les individus semblent se concerter

(¹) Voir tableau C.

pour soutenir, par tous les moyens dont ils disposent, ce centre autour duquel gravitent les intérêts du pays et de la nation. En France, l'intérêt privé exerce sur les individus, dans les moments de crise, une impression dont la vivacité égare les esprits et détruit en eux les liens les plus naturels.

Il faut tenir compte de cette différence essentielle lorsque l'on établit un parallèle entre les deux nations. En France, le crédit doit appuyer ses bases moins sur la solidarité des intérêts individuels en face du danger que sur une constitution puissante par ses garanties matérielles. Telle est la raison qui, depuis les premiers temps de la Restauration, a imposé une grande réserve à la Banque de France dans ses rapports avec l'État; et si son capital a toujours été représenté par des créances sur l'État, sous la forme de titres de rente, elle a toujours eu la libre disposition de ces titres, elle a pu les vendre dans les moments où leur réalisation devenait nécessaire. Aussi n'est-ce pas sans produire une certaine impression dans l'opinion publique, que, en 1857, l'État imitant pour la première fois, depuis 1815, l'exemple du gouvernement anglais à l'égard de la Banque d'Angleterre, a imposé à la Banque de France, à l'occasion de la prorogation de son privilége, l'inaliénabilité de la partie accrue de son capital, sous forme de rentes sur l'État.


Les craintes, d'ailleurs exagérées, qu'éveille l'existence d'un grand découvert de la Banque vis-à-vis de l'État, sont pardonnables dans un pays dont le gouvernement a souvent été la cause ou l'instrument de grandes catastrophes financières. Les souvenirs de la grande révolution vivent encore; plus d'un vieux tiroir enferme encore, de nos jours, des liasses d'assignats, épaves du naufrage de 1797. Dominée par des impressions trop récentes pour être effacées, l'opinion publique semble craindre que tout excès de crédit accordé à l'État par une institution qui jouit du privilége de battre monnaie sans frais doive fatalement amener le retour du régime du papier-monnaie.

La raison doit faire justice de ces terreurs puériles. Avec son organisation actuelle, il est vrai, la Banque de France peut, par de trop fortes avances faites à l'État, se préparer de sérieux embarras ; mais ils résulteraient uniquement de l'anomalie que j'ai déjà signalée. Si la Banque ne peut réaliser au moment utile, en espèces métalliques, la majeure partie de son actif (et les temporisations d'un gouvernement trop engagé pourraient la placer dans cette situation), elle est obligée de suspendre ses paiements. Mais si l'on écarte l'hypothèse du remboursement exigible des billets de banque, si l'on examine la question au seul point de vue de la sécurité des créances, elle change d'aspect : Lorsque le gouvernement dispose sans contrôle de la faculté de battre monnaie avec du papier, le danger existe; les nécessités de l'ordre politique, qui s'élèvent au-dessus de toutes les considérations, peuvent entraîner un gouvernement, malgré lui, dans l'abîme. Si, au contraire, d'une part, le gouvernement soumet ses actes financiers à la sanction du pays, d'autre part, si la Banque jouit dans ses décisions de la plénitude de sa liberté, si le principe de *l'indépendance de l'Administration et la surveillance de l'autorité* dont la Banque sollicita l'application avec une si vive instance dans les premières années de la

Restauration, est religieusement observé, les emprunts de l'État consentis par la Banque offrent ce double caractère, que leur nécessité est justifiée par la sanction législative et que la solidité de la créance est constatée par l'institution dont elle met l'existence en jeu. Ces emprunts offrent donc au pays les plus hautes garanties; l'opinion publique ne saurait en redouter les conséquences.

Le principe de l'indépendance de la Banque vis-à-vis de l'État avait déjà été proclamé par le premier gouverneur de la Banque, M. Cretet, à l'assemblée générale de la Régence du 13 mai 1806 : « Le Gouvernement, disait-il, quant à ses rapports avec la Banque n'a de contact avec elle que par son Trésor, qui, de son côté, n'aura sur elle d'influence que celle qui sera réglée par des conventions librement débattues et contractées; hors de là, l'action du Gouvernement sur la Banque est la même que celle qu'il doit exercer pour l'ordre général sur tous les individus et plus particulièrement sur une corporation à laquelle il a confié la faculté de créer un genre de monnaie dont l'abus dangereux et possible rend sa surveillance éminemment nécessaire.

» Quant aux conventions libres à faire avec le Trésor, la Banque traitera avec lui de manière à ne prendre que des engagements conformes à l'intérêt général et à celui de ses actionnaires. La Banque, par son institution, ne sera jamais sollicitée à *prêter* au Gouvernement; elle violerait par cela même les lois et les statuts dont elle exige l'exécution. Elle n'admet et n'admettra que les valeurs très-sûres qui remplissent les portefeuilles du Trésor et qui sont fondées sur le recouvrement des contributions publiques; valeurs qui depuis longtemps sont, à juste titre, considérées comme les meilleures par les capitalistes les moins confiants et les plus sourcilleux. »

Ce principe, on l'a vu, ne fut pas toujours le guide du Gouvernement qui l'avait proclamé.

En envisageant la question à un point de vue général, on reconnaît que les conditions dans lesquelles les emprunts de l'État sont contractés, sont essentiellement variables. Tantôt sous la pression des événements, ou par l'imperfectibilité des calculs humains, les gouvernements peuvent s'égarer au-delà des limites de la prudence; tantôt l'étendue de leurs pouvoirs, par suite les garanties naturelles qu'ils offrent, sont sujettes à varier; enfin, les besoins du pays, germes des emprunts de l'État, varient aussi. L'opportunité de ces emprunts doit donc varier selon les temps et les circonstances. La Banque doit prêter à l'État son concours, mais non devenir un instrument entre ses mains. Elle peut, dans ce but, régler sa confiance sur la confiance de l'opinion publique; si la fragilité de la confiance publique doit lui imposer une grande réserve, de même quand cette confiance repose sur des bases solides et durables, la Banque doit ouvrir largement son crédit à l'État. En tous les cas, il ne faut jamais perdre de vue que s'il est important de soutenir le crédit privé, il est encore plus important de soutenir le crédit de l'État. L'histoire politique des nations fait suffisamment ressortir que les embarras financiers des gouvernements ont toujours des conséquences funestes; le Trésor qui se vide, c'est la boîte de Pandore qui s'ouvre.

## VI

La Banque de France présente donc, sous réserve de certaines restrictions, les garanties les plus solides qui puissent justifier la confiance universelle de la nation. C'est à tort que l'opinion publique s'est émue de l'extension de ses opérations en dehors des limites de l'escompte des effets de commerce; l'anomalie de l'encaisse est seule de nature à justifier ces craintes; mais cette anomalie devrait de même interdire la négociation des effets de commerce : on ne saurait donc la présenter comme argument spécial. Aussi, dans ce qui précède, écartant la considération de l'anomalie, je me suis spécialement préoccupé des garanties intrinsèques offertes par les opérations de la Banque.

Je conclus de cette étude, que la Banque de France peut embrasser largement, dans ses opérations, au point de vue de la solidité des créances, les avances sur dépôts de titres et les avances à l'État.

J'irai plus loin : Que la Banque de France ait été créée principalement en vue de venir en aide au commerce, à une époque où le commerce était la base essentielle des opérations financières, on le conçoit aisément; aujourd'hui, les temps sont changés : le champ où ces opérations prennent naissance s'est étendu et transformé; les besoins du commerce ne représentent plus qu'une portion des besoins financiers du pays; les progrès de l'industrie, le développement de la richesse publique, ont fait surgir des nécessités nouvelles; il est indispensable qu'une institution de crédit privilégiée étende ses services aux diverses branches du crédit.

D'ailleurs, une raison plus élevée commande cette extension. La Banque de France, par la haute prérogative dont elle jouit de battre monnaie, embrasse dans leur ensemble les intérêts généraux du pays; c'est elle qui, par cette prérogative autant que par l'importance de ses opérations, doit diriger le crédit en France. Lorsqu'une institution possède les attributs de la puissance, il faut, pour que la plus grande somme de bien soit obtenue, qu'elle exerce cette puissance dans sa plénitude. Restreindre l'action de la Banque à la négociation des effets de commerce, c'est limiter sans raison le champ de ses services et l'étendue de ses bienfaits; c'est méconnaître son but et ses obligations.

Cette vérité a d'ailleurs été proclamée par la Banque elle-même dans les premières années de sa fondation : « Les » véritables destinées de la Banque, disait M. Cretet, Gou- » verneur de la Banque de France, à l'Assemblée générale » du 14 mai 1806, sortent aujourd'hui de l'obscurité. Elle » est générale, et, dans ce sens, appelée à escompter toutes » les valeurs publiques et privées qui, pourvues de toutes » les conditions d'une réalisation assurée, seront par elle » admises à l'escompte dans la mesure de ses facultés, de » ses capitaux et de sa sûreté. »

## CHAP. V. — DES SERVICES RENDUS PAR LA BANQUE DE FRANCE. — OBSTACLES.

I

La Banque de France a été créée à une époque où la confiance publique, affaiblie par des épreuves successives, était chancelante ; mais le grand législateur qui fonda cette institution lui dicta les principes de la plus saine doctrine, et sut ainsi lui imprimer, dès l'origine, le caractère d'une œuvre durable.

A cette époque, il était très difficile de trouver des capitaux en France ; aussi les Consuls de la République, pour aider à la formation du capital social de la Banque, y affectèrent une partie des cautionnements des Receveurs généraux, ainsi que les fonds déposés à la Caisse des réserves de la Loterie nationale. En outre, la faveur qu'ils accordèrent à l'institution naissante contribua à aplanir les difficultés de son organisation.

La Banque de France manifesta bientôt après sa reconnaissance envers le Gouvernement dont la sagesse et la sollicitude avaient guidé ses premiers pas : « C'est au bruit des armes, disait le Président de la Banque à l'Assemblée générale des actionnaires du 25 vendémiaire an X, au milieu des cris de guerre, que la Banque de France s'est formée.

La bienveillance particulière du Gouvernement a été le prix de son dévouement; il l'a protégée dans sa naissance, soutenue dans sa marche, aidée dans ses progrès. Un si puissant appui, prêté à la sagesse de cette institution, commandait le succès. Si dans les circonstances difficiles ils ont été rapides, quelles espérances ne sont pas permises aujourd'hui qu'une paix glorieuse et solide unit toutes les nations à la France, ranime tous les arts, et ouvre de nouveau à l'industrie toutes les sources qui lui avaient été si longtemps fermées ! »

Les opérations de la Banque, en effet, commencées le 1er ventôse an VIII (1800), offraient déjà, huit mois après, un bénéfice net de 9 1/2 0/0; ce bénéfice atteignait 14 1/2 0/0 l'année suivante.


Mais la Banque devait être bientôt soumise à une première épreuve : La rupture de la paix d'Amiens, en 1803, fut le signal de la guerre entre la France et l'Angleterre. Cet événement inattendu provoqua un brusque resserrement du crédit sur le marché français. Le commerce, surpris au milieu de ses opérations, était menacé de la ruine : la Banque vint à son secours dans les limites, d'ailleurs restreintes, de ses moyens ; elle s'appliqua surtout à soutenir le crédit des maisons dont elle connaissait la solidité, en leur dispensant les moyens de faire face à des remboursements imprévus. Le rôle tutélaire de la Banque, dans ces circonstances difficiles, exerça l'influence la plus heureuse sur les esprits, et contribua à consolider le crédit depuis si longtemps ballotté par les événements politiques.

En 1805, la situation de la Banque était très-prospère ; elle rendait d'utiles services au commerce et distribuait de beaux dividendes. Sur ces entrefaites, une fausse manœuvre du Ministre des finances mit le Gouvernement dans l'impossibilité de rembourser à l'échéance, ainsi que je l'ai dit plus haut, une somme de 80 millions que lui avait avancée la Banque en escomptant des obligations des Receveurs généraux. On sut bientôt que l'État n'avait pas rempli ses engagements ; l'opinion publique s'émut, et l'inquiétude devint générale lorsqu'on annonça de tous côtés que l'Empereur avait emporté en Allemagne, pour les besoins de l'armée, une grande partie du numéraire de la Banque. Les détenteurs de billets voulurent être remboursés, et la Banque se vit contrainte de limiter ses paiements en espèces à la somme de 500,000 fr. par jour, qui, avant la crise, répondait aux besoins normaux de la circulation.

Pourquoi les détenteurs de billets se précipitaient-ils à la Banque ? Manquaient-ils de confiance en la solidité de l'établissement ? Non ; à mon avis, ils étaient dominés par un autre sentiment :

Le billet à vue et au porteur est un billet remboursable ; en temps ordinaire, il est accepté dans la circulation comme monnaie ; aussi, personne ne songe à en réclamer le remboursement à la Banque ; dans les moments difficiles, au contraire, la monnaie légale est préférée à ce simulacre de monnaie, que chacun peut, selon son gré, admettre, déprécier ou refuser dans les échanges.

Je tiens à établir que cette préférence est légitime, qu'elle se justifie par la nature des choses :

Je suppose que le détenteur d'un billet soit animé envers la Banque de la confiance la plus absolue. Une crise survient : doit-il conserver son billet?

Quelle que soit sa confiance, il ne peut la supposer partagée par la population entière : dans les questions d'appréciation, on peut répondre de son propre sentiment, mais non de celui des masses. Ce détenteur doit donc prévoir l'hypothèse, d'ailleurs si souvent justifiée par les événements, où la masse des détenteurs, moins confiante, se portera à la Banque pour réclamer le remboursement des billets. Cette hypothèse conduit, par une corrélation nécessaire, à celle où la Banque, ne pouvant faire face à ses engagements, est obligée, quelle que soit d'ailleurs sa solidité intrinsèque, de suspendre ses paiements. Mais si elle suspend ses paiements contre son gré, le billet de banque représente désormais un engagement qui n'a pu être rempli, il devient un titre de créance en souffrance : comment lui accorder la faveur dont jouit la monnaie légale du pays? Que de justes craintes, au contraire, ce titre ne doit-il pas éveiller! Sera-t-il accepté au pair de la monnaie lorsqu'on l'offrira dans les échanges? Y sera-t-il même accepté à une valeur quelconque?

Le détenteur prudent doit donc, quelle que soit sa confiance en la Banque, être inquiet sur la valeur de son billet et en rechercher le remboursement contre espèces, dès qu'une cause accidentelle porte atteinte au crédit. Or, la loi oblige la Banque à effectuer ce remboursement; par conséquent, lorsque cet établissement est assailli par des demandes de remboursement excessives, ce n'est pas la méfiance, c'est la loi elle-même qui pousse à ses guichets les masses populaires.

Ainsi, quelle que soit la prospérité de la Banque, quelles que soient les garanties de solidité qu'elle présente, son existence est toujours menacée par le billet à vue et au porteur ; dès qu'elle se sent sérieusement attaquée par une crise, elle est donc forcée d'adopter, en vue de sa préservation, des mesures qui, loin de combattre les effets de cette crise, en accroissent l'intensité.

Je manque de documents pour établir la situation de la Banque de France en 1805 ; mais le 18 janvier 1814, elle dut encore, dans des circonstances analogues, limiter à 500,000 fr. par jour le montant de ses remboursements de billets ; sous la pression des événements, sous l'empire des craintes excitées dans l'opinion publique par les partis politiques, les demandes de remboursement croissaient au-delà de toutes prévisions : pouvait-on alors manquer de confiance en la Banque? Elle avait un capital de 111,500,000 fr., représenté par des rentes 5 0/0 consolidés, par 40 millions d'obligations des Receveurs généraux et par ses propres actions; d'un autre côté, le jour où la restriction des remboursements devint une nécessité, l'émission n'était que de 38 millions, et la réserve métallique était encore de 14 millions. La situation de la Banque ne pouvait donc inspirer de justes inquiétudes ; mais il n'était pas possible de détourner le courant qui portait vers elle les détenteurs de billets, lorsque la loi lui frayait naturellement cette direction.

A la même époque, la Banque de France, après avoir pris l'avis des principaux négociants de la capitale, crut devoir, eu égard aux événements politiques, limiter à 45 millions la circulation de ses billets. Au 30 mars, l'émission était réduite à 16 millions ; la Banque avait jugé prudent de brûler ou d'annuler une quantité de billets s'élevant à 250 millions, et de détruire tous les instruments de leur fabrication.

La Banque de France avança plus de 500 millions au Trésor sous le premier Empire, mais non sans subir souvent la pression du Gouvernement. En 1814, lorsque M. Lafitte fut nommé Gouverneur provisoire, les Censeurs adressèrent au Conseil de Régence une réquisition, dans laquelle, au milieu de plaintes acerbes, ils exprimaient leur sentiment à cet égard : « Longtemps, disaient-ils, nous avons eu la douleur de voir tous les capitaux de la Banque employés en rentes 5 0/0 consolidés et en autres effets du Gouvernement, escomptés ou remis en dépôts pour garantie de prêts faits à trois mois de terme et forcément renouvelés, sans égard à l'extrême gêne où se trouvaient le commerce et la Banque même. Elle a eu jusqu'à 128 millions ainsi employés en effets qui, quoique variés dans leurs formes et dans leurs titres, étaient considérés comme n'ayant qu'un seul et même débiteur ; en même temps, elle n'avait en portefeuille que 18 millions d'effets de commerce, et sa propre sûreté faisait un devoir à ses administrateurs de dissimuler le sentiment qu'ils en éprouvaient. »

La Banque de France, en effet, n'avait pas toujours eu la liberté de diriger ses opérations selon son gré :

M. Benoît Fould racontait à la Chambre des députés, le 13 avril 1847, pendant la discussion relative à l'émission des coupures de 250 fr., dans quelles conditions la Banque avait acquis ses premiers titres de rente : « Il ne serait pas, disait-il, inutile de dire comment la Banque a commencé à devenir propriétaire de rentes. Je ne sais si tout le monde connaît l'origine du premier achat de rentes de la Banque.

» Un jour l'Empereur, qui avait fondé cet utile établissement avec le génie qui caractérisait tout ce qu'il a fait, l'Empereur fit venir le gouverneur de la Banque d'alors, et lui dit qu'il croyait utile que la Banque fît un achat de rentes de compte à tiers avec le Trésor public et la Caisse des consignations.

» Le gouverneur répondit ce qu'il répondrait aujourd'hui : Il faut que je consulte le Conseil général de la Banque. Le Conseil fut réuni, et à l'unanimité il déclara que l'opération était contraire à la loi et qu'on ne pouvait pas la faire.

» Vous croyez peut-être que l'achat n'eut pas lieu? Le lendemain vint une lettre qui annonçait au gouverneur de la Banque que, conformément aux conventions de la veille, on avait acheté une certaine quantité de rentes. Alors on était accoutumé à obéir, et l'on obéit. »

L'Empereur avait fait, il est vrai, un acte d'absolutisme; les principes posés par M. Cretet, fonctionnaire et organe du Gouvernement, principes que j'ai déjà cités, étaient méconnus; mais il était, en vérité, regrettable que la Banque redoutât d'acheter des rentes alors qu'elle n'en possédait pas encore et que les finances de l'État n'étaient pas dans une situation désespérée. Sa conduite n'était certainement pas dictée par un sentiment de méfiance à l'égard de la solvabilité de l'État; ce sentiment n'eût pas été suffisamment justifié; elle n'avait en vue par son refus que de conserver en caisse le numéraire nécessaire non seulement à ses opérations ordinaires, mais aux demandes éventuelles de remboursement ; elle craignait d'aliéner ses réserves métalliques.

Quand la Restauration vint changer le régime politique de la France, la Banque aida l'État et le pays à se remettre des secousses du règne précédent. L'ancien prêt à l'État de 40 millions fut renouvelé, remboursable par tiers dans l'espace de trois ans ; d'un autre côté, les sommes escomptées au Trésor et au commerce, qui, en 1814, avaient été de 88 millions, s'élevèrent à 214 millions en 1815, à 450 millions en 1816, à 621 millions en 1817, et à 727 millions en 1818. Mais dans le courant de cette dernière année, la spéculation, excitée par l'inactivité des capitaux et par les emprunts que l'État dut faire pour liquider le compte de la France avec l'étranger, produisit une crise dont la Banque accrut l'intensité par la restriction de la durée maximum des échéances à quarante-cinq jours. Cette mesure, qui provoqua de la part du commerce de vives réclamations, fut dictée à la Banque par les craintes que lui inspirait l'état de ses réserves métalliques. Or, elle avait, à ce moment, en caisse 34 millions en espèces ; l'émission était de 108 millions, et les comptes courants présentaient un passif exigible de 55 millions. Si l'on songe que le montant des sommes déposées en compte courant, loin de diminuer, augmente en temps de crise, on reconnaîtra que cette situation était loin d'offrir un danger sérieux.

En 1825, l'Angleterre éprouva une crise dont le souvenir

7

restera dans l'histoire comme un exemple des excès auxquels la spéculation commerciale et industrielle peut entraîner un pays. Avant 1823, il y avait en Angleterre 156 grandes associations industrielles; en 1823, il s'en forma 532, au capital de 11 milliards de francs. On spéculait sur tout, sur les emprunts, sur les marchandises, sur la terre, sur les chemins de fer, sur les mines, sur les bateaux à vapeur. L'exagération des prix, qui fut la conséquence nécessaire de cette fièvre des esprits, produisit une violente réaction : l'inquiétude devint générale, les maisons les plus solides tombèrent, plus de 100 banques suspendirent leurs paiements, et la Banque d'Angleterre ne résista à la tourmente qu'en adoptant des mesures restrictives et en déversant dans la circulation jusqu'aux derniers débris de ses réserves métalliques.

On a vu, par une précédente citation, que, pendant ce temps, la Banque de France avait pu continuer le cours ordinaire de ses opérations sans éprouver le contre-coup des événements qui s'accomplissaient au-delà du détroit.

A cette époque, en effet, les relations commerciales existant entre les deux pays n'étaient pas assez étroites pour que l'Angleterre pût faire supporter au commerce français, et particulièrement à la Banque de France, une partie de ses vicissitudes. D'ailleurs, la Banque de France délivrait de l'argent et non de l'or; cette monnaie n'offrait qu'une utilité restreinte à l'Angleterre; en outre, par sa nature autant que par celle des voies de communication, elle exigeait des frais de transport considérables. Pour que les banques anglaises eussent eu intérêt à attaquer les réserves métalliques de la Banque

de France, il eût fallu qu'une grande différence existât entre
le taux de l'escompte des deux Banques de France et d'Angleterre ; cette différence ne fut que de 1 0/0.

La France ne resta cependant pas étrangère au mouvement que l'Angleterre imprima à cette époque au commerce
du monde. Les escomptes faits par la Banque de France au
commerce augmentèrent dans la progression suivante :

Année 1823, 320 millions.
— 1824, 489 —
— 1825, 638 —
— 1826, 689 —

Mais l'activité anormale des affaires ne put se soutenir;
le montant des sommes escomptées se réduisit, en 1827, à
556 millions, et en 1828 à 407 millions ; il fut en 1829 de
434 millions.

La Révolution de 1830 éclata. La diminution croissante
des affaires pendant les trois années qui précédèrent cet événement avait eu pour conséquence de laisser inactive dans
les caisses de la Banque une quantité importante de numéraire ; la moyenne annuelle de l'encaisse atteignait presque
la moyenne annuelle de l'émission. Cette circonstance permit
à la Banque de rendre, pendant la crise de 1830, d'importants services au commerce et à l'État :

J'ai déjà prouvé, en citant les paroles de M. Odier dans
le Rapport des Censeurs de 1831, que, dans cette période
critique, la Banque avait compris et avait pu remplir son
rôle de régulateur vis-à-vis du commerce. Elle l'aida, en

effet, à résister à la crise politique, en maintenant invariables les conditions de l'escompte et en portant à 342 millions pendant le deuxième semestre de 1830 le montant des escomptes opérés, montant qui pendant le premier semestre n'avait été que de 276 millions.

La Banque de France rendit simultanément à l'État des services plus importants encore, en lui prêtant 292 millions en 1830 et 241 millions en 1831. Ces services ont été proclamés par M. Thiers, Président du conseil, dans la séance de la Chambre des députés du 20 mai 1840. « Je dis, s'écriait-il, qu'un établissement qui a toujours suivi le précepte d'être serré pendant la prospérité et d'être généreux pendant les crises, remplit le véritable office qui lui appartient. Au lieu d'être une banque excitante, c'est une banque modératrice. La Banque de France s'est conduite comme un gouvernement sage pouvait le faire ; elle n'a pas poussé à la production quand il n'y fallait pas pousser ; mais quand la production, sans l'avoir consultée, s'est jetée dans l'excessif, dans le démesuré, elle est venue à son secours, elle a neutralisé les crises. C'est alors que la Banque a été d'une immense utilité pour le Gouvernement. Quand on se méfie de tout le monde, il y a quelqu'un de qui on ne se méfie pas, et ce qui le prouve, c'est que le public vient jeter son argent dans ses caisses. Alors cette Banque, qui semble n'être faite que pour le crédit privé, devient un instrument de crédit public ; elle sauve le pays, et voici ce dont j'ai été témoin en 1830 :

» En 1830, j'avais l'honneur d'être sous-secrétaire d'État aux finances. Nous avons traversé une crise de quatre mois effroyables ; il fallait donner jusqu'à 50 millions par mois au

Ministre de la guerre pour organiser l'armée ; il y avait des jours où nous étions dévorés des plus cruels soucis, et nous étions obligés de les taire, car ce sont des soucis dont on peut à peine parler dix ans après.

» Eh bien! que se passait-il? Quand on se défiait de tout le monde, même du Gouvernement, il y avait quelqu'un dont on ne se méfiait pas : c'était la Banque.

» Tandis qu'elle donnait au commerce tout l'argent qu'on lui demandait, ses caisses s'emplissaient et son argent lui revenait par la confiance publique. Or, savez-vous ce qu'elle faisait de cet argent qui lui revenait? Elle le donnait à l'État. La première fois que nous lui avons demandé 30 millions, et certes le lendemain d'une révolution, d'un trône renversé et d'un trône à peine édifié, sans y mettre de l'amour propre, on peut peut-être dire qu'il était assez juste qu'on inspirât de la défiance, elle nous a donné 30 millions, puis 50, puis 80 ; elle est arrivée à 130 millions dans un moment où le public ne voulait ni des rentes ni des bons royaux. D'où cela venait-il, Messieurs? C'est que, comme elle avait été sage, la Banque a pu rendre des services, de ces services que les gens sages seuls ont l'honneur de rendre à leur pays, quand ils ont été modérés et qu'ils ont su l'être à propos.

» La première condition pour rendre des services au crédit public, c'est d'en rendre d'abord au crédit privé; ce sont les services rendus au crédit privé qui donnent les moyens d'en rendre au crédit public.

» Voilà, Messieurs, non pas un roman, mais des faits puisés dans la réalité des choses, des faits extraits des livres du Trésor et des livres de la Banque. »

Après la Révolution de 1830, les finances de l'État se rétablirent, mais le commerce fut lent dans ses progrès ; aussi la Banque ne trouvait-elle pas l'emploi de ses espèces métalliques, qui dormaient inactives dans ses caves.

Les Statuts du 18 janvier 1808 accordaient à la Banque de France la faculté de faire des avances sur les effets publics à échéance déterminée. La loi du 17 mai 1834, en étendant cette faculté à tous les effets publics français, à échéance déterminée ou indéterminée, élargit le champ des services que la Banque pouvait rendre au pays.

La Banque de France avait escompté au commerce :

| | | |
|---|---|---|
| En 1834, | 317 millions, | |
| 1835, | 445 | id. |
| 1836, | 761 | id. |

lorsqu'éclata la crise de 1836-37 aux États-Unis.

A cette époque, les relations extérieures de la France étaient déjà importantes : la moyenne des trois années 1835, 1836 et 1837 donnait un mouvement général d'importations et d'exportations s'élevant à la somme de 1,676 millions (valeurs réelles). Aussi le commerce français ne put-il rester étranger aux événements d'outre-mer, et la Banque elle-même en ressentit les effets. Tandis que ses réserves métalliques avaient varié de 61 millions en 1834 et de 73 millions en 1835, elles varièrent de 103 millions en 1836, et descendirent ainsi jusqu'à la limite inférieure de 89 millions.

Malgré les justes craintes que devaient lui inspirer les circonstances, elle n'hésita pas à offrir au commerce le plus large concours, et tandis que la presque totalité des Banques américaines suspendaient leurs paiements, tandis qu'en Angleterre les maisons les plus solides tombaient frappées d'impuissance, le commerce français, protégé par les mesures libérales de la Banque, put franchir la crise sans éprouver de sérieux dommages.

La Banque, on le voit, comprenait bien sa mission; elle le prouvait par ses actes; elle le témoignait aussi par l'organe de M. le comte d'Argout, qui, à l'assemblée générale du 25 janvier 1838, faisait entendre ces sages paroles :

« ... La récapitulation de ces innovations diverses (innovations de détail) démontre que la Banque a continué en 1837 à étendre le cercle de son utilité et à multiplier les applications de ses services; elle adoptera avec le même zèle les perfectionnements ultérieurs dont l'expérience indiquerait les avantages et démontrerait la sagesse. Mais elle ne perdra jamais de vue que le progrès doit toujours se concilier avec la prudence, sous peine de porter un immense préjudice au commerce, en dénaturant le caractère spécial de ce grand établissement. Dans les temps de calme, sa mission est de pourvoir abondamment aux besoins ordinaires du commerce et de la circulation ; dans les temps de crise, son devoir est de faire des efforts extraordinaires pour en arrêter ou en modérer le cours. Comment la Banque y parviendrait-elle si elle ne maintenait intacte la solidité de son crédit? C'est ce crédit, conquis par une longue sagesse, qui lui permet, à certaines époques, de faire face aux complications les plus graves. Si elle entrait jamais dans des voies aventureuses, compromise elle-même au moment du danger, elle se verrait condamnée à retirer tout secours au commerce, précisément lorsque des besoins plus impérieux réclameraient une plus ample assistance; la Banque, dans cette hypothèse, cesserait d'être un puissant contrepoids aux crises commerciales, elle deviendrait une cause de perturbation et de danger. »

Le commerce fut prospère en France pendant les années 1836, 1837 1838 et 1839. La Banque, dont les réserves métalliques avaient repris leurs variations normales, lui rendait, libre de toute préoccupation sur l'état de ces réserves, tous les services qui pouvaient aider son développement.

Pendant ce temps, des orages grondaient sur la tête de la Banque d'Angleterre. Après la crise de 1837, le commerce anglais essaya de réparer les pertes qu'il avait éprouvées, en donnant à ses transactions une impulsion nouvelle; la Banque crut devoir favoriser ce mouvement en abaissant le taux de l'escompte jusqu'à 3 0/0; bientôt les opérations devinrent très-nombreuses; les prix s'élevèrent. Sur ces entrefaites, les affaires d'Amérique et les mauvaises récoltes de 1838 et 1839 firent exporter d'énormes quantités de numéraire; l'encaisse métallique de la Banque d'Angleterre fut attaquée; la Banque, pour échapper à la suspension de paiement, dut élever son escompte jusqu'à 6 0/0, adopter des mesures restrictives, et emprunter 50 millions à la Banque de France. La réaction fut violente; toutes les valeurs commerciales subirent une énorme dépréciation ; les plaintes les plus vives éclatèrent de toutes parts contre la Banque d'Angleterre, et la Chambre de commerce de Manchester l'accusa en termes énergiques, dans un manifeste du 12 décembre 1839, d'avoir fait subir au commerce une pression funeste au moment où les secours du crédit lui étaient le plus nécessaires.

L'époque où la prorogation du privilége de la Banque de France devait être discutée à la Chambre des Députés approchait. La Banque de France l'attendait avec confiance : « L'événement a prouvé, disait M. le comte d'Argout dans son Compte-Rendu du 31 janvier 1839, la solidité de la constitution de la Banque et la sagesse de ses bases. Son crédit a marché en se consolidant ; elle a résisté à quatre grandes crises commerciales, à trois révolutions et à deux invasions. Après avoir traversé tant et de si rudes épreuves, après de si longs efforts, elle demande aujourd'hui la faculté de continuer à rendre au pays les services qu'elle lui a toujours rendus. Cette demande, Messieurs, sera sans doute accueillie ; la France conservera une institution nécessaire à son crédit et à sa prospérité. »

La loi du 30 juin 1840 prorogea, en effet, le privilége de la Banque de France jusqu'au 31 décembre 1867.

J'ai dit, en citant un extrait du Compte-Rendu du 28 janvier 1847, dans quelles conditions la Banque de France avait été conduite à adopter des mesures restrictives pour arrêter l'écoulement trop prolongé de ses espèces métalliques.

La Révolution de 1848 éclate brusquement. La Banque essaie d'opposer une digue au torrent des événements; fière de ses souvenirs de 1830, elle veut, comme à cette époque, braver la crise et remporter sur elle une victoire glorieuse en sauvant à la fois le Commerce et l'État. Quelques jours s'écoulent à peine, et bientôt elle est vaincue par le mouvement révolutionnaire; le 15 mars 1848, le Gouvernement provisoire décrète, sur la demande de son Conseil général, le cours forcé des billets de banque (¹).

Pourquoi la Banque n'a-t-elle pu résister à la Révolution de 1848 comme elle avait résisté à celle de 1830?

La Banque de France se trouvait à ces deux époques, dans ses rapports avec le pays, dans des conditions différentes :

Les sommes qu'elle escomptait au commerce étaient :

| En 1829............. | 434 millions. |
| 1830............. | 617 — |
| Moyenne... | 525 — |

et

| En 1847............. | 1,808 — |
| 1848............. | 1,643 — |
| Moyenne... | 1,725 — |

Le rapport de ces deux moyennes est 5/17. Au contraire,

(¹) « ... Dans l'intervalle du 26 février au 14 mars au soir, disait M. le comte d'Argout dans sa lettre au Gouvernement provisoire, l'encaisse de Paris a diminué de 140 à 70 millions, soit de 70 millions. Ce matin, une l'encaisse moyenne était peu différente aux deux époques (¹).

Ainsi la Banque de France se trouvait, en 1848, avec des ressources en espèces métalliques à peu près égales à celles de 1830, en présence de besoins commerciaux beaucoup plus importants. Sa défaite était certaine.


Sous le régime du cours forcé, la Banque retrouve toute sa puissance. Elle a en souffrance, dans l'année même, une valeur de 77 millions. Malgré cette immobilisation de ressources, elle escompte au commerce une somme de 1,643 millions, supérieure au montant escompté dans les exercices antérieurs, 1847 excepté; la stagnation des affaires, et non l'insuffisance de ses moyens, limite à ce chiffre le montant de ses escomptes. Elle prête en outre à l'État 80 millions, et lui ouvre un crédit de 150 millions, dont il n'a lieu de faire usage que partiellement. Enfin, elle prête aussi quelques millions au département de la Seine et à la ville de Marseille.

Pendant ce temps, elle maintient d'une manière invariable le taux de l'escompte à 4 0/0 ; elle ne trouble le cours de ses opérations par aucune mesure restrictive; elle augmente l'émission de ses billets ; enfin, les espèces métalliques affluent vers elle avec une profusion telle, qu'elle est obligée

panique s'est déclarée. Les porteurs de billets se sont présentés en foule à la Banque; de nouveaux guichets ont été ouverts pour accélérer le service. Plus de 10 millions ont été payés en numéraire. Il ne reste ce soir à Paris que 59 millions. Demain, la foule sera plus considérable; encore quelques jours et la Banque sera entièrement dépouillée d'espèces. Dans ces graves circonstances, nous devons recourir à votre vigilante et énergique sollicitude et à celle du Gouvernement... »

(¹) Voir tableau B.

de faire agrandir ses caves pour les contenir. Au milieu de
tant de difficultés, elle réalise assez de bénéfices pour donner, après avoir passé par profits et pertes une somme de
près de 3 millions, dont plus de la moitié rentrera ultérieurement, un dividende de 30 fr. pour le premier semestre 1848.

Le cours forcé des billets de banque fut abrogé par la loi
du 6 août 1850.

Lorsque le projet de loi fut connu, M. Léon Faucher fit
ressortir (1) le danger de rétablir le paiement en espèces
avant que le Trésor eût remboursé à la Banque de France
le montant de ses divers prêts. « La loi, disait-il, replace
la Banque en présence de ses obligations normales sans lui
restituer ses moyens d'action ; elle déclare les billets de la
Banque remboursables, et elle retient dans les mains de
l'État le capital destiné à faire face à ses engagements,
tous les jours exigibles. » Cet argument est en tous points
applicable aux billets à vue et au porteur. On ne saurait
avec raison s'en prendre à l'État plutôt qu'au Commerce,
plutôt qu'à la circulation, d'un vice de système.

Depuis 1852, le commerce et l'industrie ont pris un immense essor. Les escomptes de papier de commerce opérés
par la Banque étaient, depuis sa fondation, restés, à une

(1) Léon Faucher, *Mélanges d'économie politique et de finances*, t. Ier : Banque
de France.

légère exception près en 1839, inférieurs à un milliard (¹) :
en 1857, ils dépassaient 5 milliards et demi ; et depuis cette
époque, ils ont varié entre 4 et 5 milliards. La Banque a pu
suivre sans hésitation un mouvement si rapide tant qu'elle
a été favorisée par les circonstances ; mais elle devait, aux
moindres réactions de cette marche progressive, ou sous
l'influence de causes accidentelles, telles que des récoltes
insuffisantes ou des crises étrangères, manifester sa faiblesse.
C'est ainsi que depuis 1846 la Banque, sous la pression des
conditions nouvelles de son existence, a dû se départir des
principes auxquels elle devait sa puissance et ses plus beaux
titres de gloire, pour adopter des mesures restrictives contraires à son but et à ses obligations, par suite essentiellement
nuisibles au pays.

La loi du 9 juin 1857 a prorogé le privilége de la Banque
jusqu'au 31 décembre 1897 et porté son capital au chiffre
de 182,500,000 francs.

## II

Dans cette esquisse rapide, on reconnaît que la Banque
de France a traversé trois phases distinctes :

La première commence à l'époque de sa création et finit
à la chute de l'Empire.

(¹) Voir tableau A.

Dans cette période, qui comprend les premières années de son institution, la Banque de France eut, on doit le reconnaître, de sérieuses difficultés à vaincre. Les œuvres sociales, comme celles de la nature, sont, à leur berceau, faibles et impuissantes ; pour qu'elles acquièrent la force de constitution nécessaire à leur but, il faut qu'elles puissent se développer dans des conditions éminemment normales. La Banque de France n'eut pas cette fortune ; née sous l'émotion encore récente d'une banqueroute de l'État, dans un moment où le crédit n'existait pour ainsi dire plus en France, ses premières années s'écoulèrent au milieu de l'agitation fébrile excitée par la lutte gigantesque dans laquelle l'Europe se troůvait alors engagée. Les vicissitudes des temps s'ajoutèrent donc, pour elle, à celles auxquelles elle devait être soumise, comme banque de circulation, par le principe erroné du billet à vue et au porteur.

Toutes les circonstances néanmoins ne lui furent pas contraires : seule dispensatrice du crédit dans un pays qui en était avide, dotée d'un privilége exclusif, il lui était facile de conquérir la faveur publique. D'un autre côté, si ses ressources étaient restreintes, les besoins du commerce intérieur n'étaient pas assez étendus pour lui susciter de graves embarras, et l'absence de tout commerce extérieur la dérobait à l'influence des crises étrangères. Enfin, elle sut, dès ses premiers pas, adopter dans ses opérations un système de sagesse et de prudence qui inspira bientôt au commerce une confiance solide, et fit pressentir l'influence que cette institution exercerait un jour sur les destinées du crédit. Elle aurait donc pu tenir tête aux événements politiques si l'État eût été plus modéré dans ses emprunts. Elle se sauva de cette période critique, on l'a vu, par deux suspensions partielles de paiements.

La seconde phase commence à la Restauration, et s'étend jusqu'aux dernières années du règne de Louis-Philippe.

La Banque a retrouvé sa quiétude ; ses rapports avec l'État ne lui inspirent plus de craintes ; d'un autre côté, le système prohibitif qui régit encore la plupart des nations européennes la met à l'abri des crises étrangères ; malgré des conditions si favorables à son développement, elle ne se sent pas encore assez forte pour supporter sans fléchir l'échec que les désordres de la spéculation font subir au crédit en 1818 ; au lieu d'aider le commerce dans un moment si difficile, elle en augmente les souffrances par l'application de mesures restrictives.

Le calme renaît ; le commerce et l'industrie reprennent leur marche lentement progressive. Le commerce extérieur est encore peu développé ; aussi, la crise étrangère de 1825 passe, et la Banque n'en éprouve aucune perturbation.

Pendant les dernières années de la Restauration, le commerce, surexcité en 1825, se ralentit ; d'un autre côté, l'escompte des bons royaux se maintient dans des limites modérées ; aussi, la Banque dispose-t-elle d'abondantes réserves métalliques, et c'est à cette circonstance qu'elle doit de pouvoir offrir de larges secours au commerce et à l'État pendant la Révolution de 1830.

Sous le nouveau règne, le commerce et l'industrie deviennent plus actifs. A l'extérieur, les transactions sont plus nombreuses, mais cependant elles n'ont pas encore établi entre la France et les nations étrangères une solidarité assez étroite pour que la Banque puisse ressentir le contre-coup de la crise américaine de 1837 ; tandis que les banques étrangères tombent, victimes de leur vice originaire, la Banque de France peut continuer en sécurité le cours de ses opérations.

Pendant ce temps, les arts se perfectionnent, la construction des chemins de fer, l'exécution des grands travaux d'utilité publique sont à l'ordre du jour ; le mouvement des idées prépare une grande époque industrielle ; de son côté, le commerce extérieur, continuant à se développer, établit des liens plus intimes entre la France et les nations étrangères. La Banque de France se trouve ainsi placée en présence de besoins chaque jour plus divers et plus nombreux ; aussi, le mouvement de ses espèces métalliques augmente, le jeu entre le maximum et le minimum de l'encaisse devient plus considérable. La Banque essaie de faire face aux exigences croissantes des affaires, sans modifier son régime ; mais elle a déjà de la peine à le maintenir ; on prévoit que la moindre crise pourra lui faire subir un échec ; et, en effet, une disette survient en 1846 : les réserves métalliques de la Banque sont attaquées, leur niveau baisse chaque jour davantage ; la Banque suit ce mouvement descendant avec une inquiétude croissante, ses forces s'épuisent, et aucun indice ne lui annonçant un mouvement inverse, elle n'hésite plus, elle adopte des mesures restrictives.

La troisième phase commence à l'année 1846 et dure encore.

Désormais, la Banque est débordée par les besoins du pays. Ces besoins sont devenus immenses; toutes les branches du commerce et de l'industrie, un instant arrêtées par la Révolution de 1848, ont pris leur essor, favorisées par les progrès des sciences et le retour de la confiance publique; d'un autre côté, le commerce extérieur, aidé par des lois plus libérales, s'est considérablement accru; enfin, les frais de transport d'espèces, qui autrefois permettaient, par leur importance, un écart assez grand entre le taux de l'escompte à la Banque de France et les pays étrangers, ont diminué. Toutes ces circonstances concourent à multiplier les issues par lesquelles les réserves métalliques de la Banque peuvent s'écouler.

Dans cette situation nouvelle, les services rendus par la Banque deviennent chaque jour plus nombreux et plus importants; ses escomptes annuels atteignent des hauteurs inconnues; par un entraînement naturel, la Banque, dans cette période de progrès industriel et d'activité commerciale, suit le mouvement commun imprimé au pays.

Mais il n'est pas d'illusion possible sur le véritable caractère des services que la Banque rend désormais au commerce. Dans les phases précédentes, les circonstances politiques et économiques au milieu desquelles elle vivait lui ont permis, malgré son vice originaire, de jouer vis-à-vis du pays, à certaines époques de crise, le rôle de régulateur du crédit. Ce temps est passé; dans les conditions nouvelles de son existence, elle n'a plus assez de force pour remplir ce rôle ; ce n'est plus la Banque de France qui dirige le crédit, c'est le crédit qui entraîne la Banque de France.

Je n'exagère rien. Les nombreux services que la Banque dispense au pays depuis dix ans ne sont que des services rendus en temps normal et prospère ; mais ce corps immense qui a la force de remuer des milliards, n'a plus celle de résister au moindre souffle des événements contraires ; dans sa faiblesse, il ne peut lutter contre eux qu'en leur opposant le funeste bouclier des mesures restrictives. Que pourra donc faire la Banque de France pour le commerce et pour l'État si des temps difficiles surviennent? Le doute n'est pas permis : elle sera condamnée à l'impuissance.

La Banque de France n'a jamais été plus exposée qu'aujourd'hui à une suspension de paiements, dans l'éventualité d'une crise. En 1805, la différence entre son passif exigible et ses réserves métalliques disponibles était très-faible; en 1813, cette différence était de 129 millions ; en 1848, elle était de 185 millions ; aujourd'hui, elle est de 750 millions. Or, ces chiffres représentent, par leurs valeurs relatives, l'importance des masses populaires qui peuvent encore assiéger les guichets de la Banque, lorsque, épuisée, elle n'a plus d'argent à leur donner ; ces masses seraient donc aujourd'hui plus redoutables que jamais.

Il faut, au milieu d'apparences trompeuses, distinguer le véritable fond des choses : la prospérité actuelle de la Banque de France est uniquement due à l'importance des transactions du pays; mais sa puissance est factice; elle n'a jamais été plus exposée aux attaques, jamais moins en état d'y résister. Son vice de constitution, par lequel elle a

plusieurs fois succombé, devient chaque jour plus menaçant :
la Banque de France est en danger.

Il est urgent de modifier son régime ; il faut donner à
cette grande institution une organisation plus vigoureuse, il
faut la doter de la puissance nécessaire à son but, celle qui
lui permettra d'être toujours le régulateur du crédit en
France, quelle que soit la rigueur des circonstances et des
temps.

J'ai plusieurs fois parlé du danger, pour la Banque, d'être
conduite à suspendre ses paiements, d'être conduite à faire
décréter le cours forcé des billets de banque. Lorsqu'un
régime, je veux désigner celui créé par le principe du billet
à vue et au porteur, est universellement reconnu comme le
seul normal et désirable ; lorsque la première institution de
crédit d'un grand pays, défendant ce régime, doit, aux yeux
de la nation entière, s'avouer vaincue par le flot des événements, le cours forcé, décrété comme le remède empirique
d'une désastreuse défaite, n'a rien de commun, dans ses
effets moraux, avec le cours légal librement institué au sein
d'une nation éclairée, s'inspirant de saines doctrines.

## CHAPITRE VI. — RECHERCHE D'UNE SOLUTION.

### I

Toutes les institutions de crédit recourent à la Banque quand elles ont besoin de renouveler leurs capitaux ; la Banque, seule, est dispensée d'emprunter des capitaux étrangers, par le privilége exclusif dont elle jouit de battre monnaie sans frais, selon ses besoins.

Elle possède donc, par ses prérogatives autant que par ses ressources, une puissance exceptionnelle.

En vertu de cette puissance, elle rend au pays des services exceptionnels.

Aussi, lorsque, vaincue par les événements, la Banque est contrainte d'adopter un rigoureux régime, la souffrance du pays est proportionnée à l'importance des services qu'elle rendait dans son régime normal.

L'intérêt général du pays est donc lié par une corrélation très étroite aux destinées de la Banque.

Une réciprocité nécessaire place les destinées de la Banque sous la dépendance du pays. L'institution ne peut vivre et prospérer que soutenue par la faveur publique.

Pour mériter la faveur publique, la Banque doit atteindre ce double résultat : de conduire ses opérations avec une sagesse qui en assure le succès, et de manifester à l'épreuve des temps difficiles sa puissance et sa solidité.

Toute exception à ces règles absolues porte atteinte à son

autorité morale, à son crédit, et, par cela même, met en jeu son existence ou son avenir.

La Banque a donc l'intérêt le plus direct et le plus puissant à remplir les devoirs que, d'ailleurs, la grandeur de sa mission lui impose.

Ainsi, les plus hautes raisons, dictées à la fois par son propre intérêt et par ses obligations morales, lui commandent de posséder la confiance publique. Dès-lors, son anxiété doit être grande lorsqu'elle ne se sent plus maîtresse des événements ; sous leur pression, en effet, elle peut être contrainte d'adopter des mesures contraires à ses principes et funestes au pays.

S'il en est ainsi, la rigueur croissante des temps manifeste d'autant plus sa faiblesse ; bientôt l'opinion publique s'émeut, la Banque perd tout crédit ; sa chute est imminente : elle ne peut continuer ses opérations.

Quand elle est ainsi réduite à l'impuissance, sa défaite, hautement avouée, prend bientôt les proportions d'un malheur public.

A ce titre, la suspension des paiements de la Banque est un événement funeste ; les souffrances du présent et les appréhensions de l'avenir forment son cortége nécessaire. Il faut toujours redouter une telle extrémité.


## II


Et cependant, la Banque, lorsqu'elle se trouve en présence de demandes de remboursements qu'elle ne peut satisfaire, doit ou liquider ou préparer un régime nouveau d'opérations basé sur la suspension de ses paiements. Liquider la Banque lorsqu'elle est si directement engagée dans la masse des intérêts individuels, est le pire des maux. Qui donnera au commerce et à l'industrie leur aliment de chaque jour, si la principale source du crédit est subitement tarie? Qui fournira à la circulation le numéraire nécessaire aux échanges, lorsque le seul grand réservoir d'espèces métalliques sera détruit? D'ailleurs, la crise qui fait naître les embarras de la Banque ferme les nombreuses sources privées qui, en temps normal, alimentent aussi le crédit et la circulation. Adopter en un tel moment la résolution suprême d'une liquidation, c'est précipiter le pays vers sa ruine.

Lorsque, en 1848, la Banque de France ne put continuer le cours ordinaire de ses opérations, ces raisons puissantes prévalurent à ses yeux : « Quelles suites désastreuses pour le pays, disait M. le comte d'Argout à l'Assemblée générale du 25 janvier 1849, la liquidation de la Banque n'aurait-elle pas entraînées! Les commerçants et les industriels restés debout, désormais privés de la ressource des escomptes, que seraient-ils devenus? Comment pourvoir régulièrement au salaire des ouvriers de toute profession attachés à ces milliers d'ateliers dont la capitale fourmille? Fallait-il jeter sur la place publique, déjà trop peuplée, cette masse de travailleurs qu'une multitude de fabricants, au prix des plus pénibles sacrifices, parvenaient encore à faire vivre?

» Bien plus, les approvisionnements de Paris exigent impérieusement des espèces, et Paris ne peut vivre sans viande et sans pain. Le numéraire n'était pas moins indispensable pour solder une. partie de la paie des troupes de terre et de mer, la garde mobile, les ateliers nationaux, qui, grossissant chaque jour, ont fini par former une agglomération de 100,000 hommes.

» Des espèces, il en fallait également pour alimenter les travaux des canaux, des rivières, des quais et des ports, une foule de dépenses administratives, les services si nombreux, si divers, si importants de la ville de Paris. La rentrée alors lente et incertaine des impôts, répondait mal aux exigences du moment... Faute d'écus, tous les services publics étaient menacés d'une désorganisation immédiate. La Banque seule offrait encore un dépôt de numéraire. La raison d'État commandait d'en conserver la disponibilité. »

La Banque n'a donc qu'un parti à prendre quand elle ne peut rembourser ses billets : elle doit adopter le régime de la suspension de paicments.

La Banque de France, en limitant à 500,000 fr. par jour en 1805 et 1814 le montant de ses remboursements journaliers, se borna à une suspension partielle.

Cette solution est mauvaise :

Sous le régime de la suspension partielle, en effet, le billet n'étant pas imposé par la loi comme monnaie dans les échanges, peut être refusé; d'ailleurs, il ne peut être présenté au remboursement de la Banque, si, au moment de la présentation, la limite des remboursements journaliers est atteinte. Le détenteur d'un billet de banque peut donc se trouver momentanément possesseur d'une valeur morte ou au moins échangeable avec perte. Un tel régime, quelque

courte que soit sa durée, est évidemment funeste aux détenteurs de billets.

En outre, la Banque, dans la situation exceptionnelle que
ce régime lui crée, dirige toutes ses opérations en vue de
reprendre au plus tôt, d'une manière intégrale, ses paiements
en espèces, et ce n'est pas en cherchant à refaire ses réserves
métalliques au moment où, au contraire, elle devrait accroître le montant de ses avances aux emprunteurs, qu'elle peut
offrir au pays un concours rendu nécessaire par les circonstances.

D'ailleurs, et en admettant même que le régime de la
suspension partielle puisse être institué dans des conditions
plus favorables, telles, par exemple, que la légalité du cours
des billets de banque, si ce régime diffère assez de celui
de la suspension totale pour ne pas être confondu avec lui,
les difficultés croissantes de la situation peuvent rendre la
suspension partielle insuffisante.

On ne peut donc envisager qu'une seule solution : la suspension totale des paiements, et, comme conséquence
nécessaire, le cours forcé des billets de banque.

### III

Le régime du cours forcé a été souvent appliqué. Quels
ont été ses effets immédiats?

« En décrétant le cours forcé au milieu des embarras du

crédit, disait Léon Faucher, le 23 novembre 1849, à l'Assemblée législative, on a pris une mesure sage, indispensable. »

« Quant à l'effet direct de la mesure, écrivait-il encore en juillet 1850 (¹), il surpassa les espérances les plus hardies. Après quelques oscillations, qui étaient l'inévitable résultat de l'étonnement et de l'inquiétude, les billets de la Banque de France reprirent le pair et ne tardèrent pas même à obtenir sur l'argent une légère prime; l'émigration de la monnaie métallique s'arrêta comme par enchantement; les espèces, sortant de terre, pour ainsi dire, refluèrent vers les caisses de la Banque. Les billets, qui n'avaient pas cours hors de la banlieue de Paris et des comptoirs, se répandirent jusque dans les hameaux les plus reculés et devinrent bientôt aussi familiers au petit commerçant, au petit propriétaire, au journalier, qu'au banquier et au capitaliste. Cette monnaie, imposée d'autorité, fut promptement recherchée.... Dans les derniers mois de 1849, la Banque, voyant sa circulation se rapprocher de la limite légale, refusait des billets à ceux qui lui en demandaient, et les obligeait à recevoir des espèces. Le cours forcé des billets n'était plus qu'une formule comminatoire. La pratique commerciale avait renversé les termes du décret : la Banque donnait une sorte de cours forcé aux espèces. Il fallut, pour rendre possibles les opérations du commerce, élever la limite des émissions à 525 millions. »

(¹) Léon Faucher, *Mélanges d'économie politique et de finances*, tom. Iᵉʳ : Banque de France.

Ces faits, comme ceux que j'ai déjà cités au chapitre précédent, montrent qu'au milieu des désordres de la Révolution, le régime du cours forcé permit à la Banque de France de rendre au pays les plus éminents services.

Le cours forcé de 1848 n'a pas seul produit de tels résultats : « Les commencements du système de Law, dit J.-B. Say (¹), sous la Régence, furent brillants ; on en put dire autant des premiers temps des assignats dans la Révolution française ; et l'agriculture, les manufactures et le commerce de la Grande-Bretagne prirent un grand essor dans les années qui suivirent la suspension des paiements en espèces de la Banque d'Angleterre. »

Tooke a fait la même remarque dans son ouvrage : *On the state of the currency*.

### IV

Et cependant, les économistes sont à peu près unanimes pour condamner le cours forcé :

« Le Gouvernement, dit J.-B. Say dans sa définition du papier-monnaie (²), autorise alors à acquitter en papier-monnaie les engagements contractés en espèces ; mais c'est autoriser une violation de foi, et, sous ce rapport, une

---

(¹) *Traité d'Économie politique*, liv. I, chap. XXVI.
(²) *Ibid.*

monnaie de papier peut passer pour le dernier terme de l'altération des monnaies. »

« Ce serait un spectacle à jamais déplorable, dit Ricardo (¹), que de voir notre grande nation, en face des conséquences produites en France et en Amérique par une circulation de papier à cours forcé, persévérer dans un système gros de tant de catastrophes. Espérons mieux de sa sagesse. »

« Le remboursement immédiat des espèces, dit Buchanan (²), est la seule garantie qui existe contre l'excès des émissions. Les directeurs d'une banque, quelque droites que soient leurs intentions, n'ont pas de thermomètre infaillible des besoins de la circulation, et il est hors de doute qu'un papier non remboursable en espèces se multipliera tôt ou tard avec exagération. »

« Ce qui, dans l'opinion et pour les usages communs, dit Mollien (³), confère à la monnaie d'une banque de circulation, c'est-à-dire aux billets au porteur, signés par ses régents ou leurs commis, la valeur et le titre d'espèces d'or et d'argent, c'est la certitude de leur conversion immédiate en cette monnaie réelle, à la volonté de chaque porteur. »

M. Michel Chevalier, dans son *Cours d'Économie politi-*

---

(¹) Ricardo, œuvres diverses : *Le haut prix des lingots.*
(²) Annotation à la *Richesse des nations*, d'Adam Smith, liv. II, chap. II.
(³) *Mémoires d'un ministre du Trésor public,* t. I, 2ᵉ partie.

*que* (¹), exprime le vœu « qu'on ne tarde plus à révoquer le décret du 15 mars 1848 qui a changé les billets de la Banque de France et des banques des départements, de titres immédiatement convertibles en écus, en titres légalement inconvertibles, et qui a ainsi mis la France au régime du papier monnaie.

» Les clauses restrictives, ajoute l'éminent économiste, qui font partie du décret, l'ont empêché jusqu'ici d'enfanter des désastres, mais la pensée même du décret est pleine de périls. Qu'on n'oublie pas que le régime du papier monnaie, alors même qu'il devait aboutir à une catastrophe, a presque toujours débuté avec une réserve qui a endormi la sagesse des peuples, et qui bientôt a fait place à toutes sortes de témérités ! »

« Quand les gouvernements, dit Rossi (²), ont déclaré en Autriche et en Angleterre que les Banques ne paieraient plus à bureau ouvert, qu'elles n'échangeraient plus des écus contre leurs billets, ce jour-là ils ont créé du papier-monnaie. »

« En principe, et à ne considérer que le train régulier des affaires, dit Léon Faucher (³), l'existence du cours forcé est toujours un mal. Les billets d'une banque n'ont de valeur que par leur convertibilité en espèces. »

(¹) Tome III, *Monnaie*, sect. X, chap. I, 1850.
(²) Rossi, *Cours d'Économie politique*, t. IV : *Du crédit*.
(³) *Mélanges d'Économie politique et de finances*, t. I, Banque de France.

## V

Ces jugements sont absolus; néanmoins, quelques-uns des économistes cités semblent justifier par la théorie l'établissement du cours légal :

« L'expérience prouve, dit Ricardo([1]), que toutes les fois qu'un gouvernement ou une banque a eu la faculté illimitée d'émettre du papier-monnaie, ils en ont toujours abusé. Il s'ensuit que, dans tous les pays, il est nécessaire de restreindre l'émission du papier-monnaie et de l'assujétir à une surveillance. »
Ricardo admet ainsi la possibilité du cours légal sans abus. Le cours forcé de 1848, quelque timide qu'ait été l'expérience, a justifié son opinion.

« Il est aisé de voir, dit-il encore ([2]), et J.-B. Say partage son avis, que pour donner une valeur au papier-monnaie, il n'y a pas besoin qu'il soit payable à vue et en espèces monnayées; il suffit pour cela que la quantité de ce papier soit réglée d'après la valeur du métal qui est reconnu comme mesure commune. »

« Les billets d'une banque qui a le droit d'en refuser le remboursement en espèces, dit Buchanan ([3]), pourraient

[1] *Principes d'Économie politique*, chap. XXVII.
[2] *Idem, idem.*
[3] Annotation à la *Richesse des nations*, d'Ad. Smith.

circuler au pair s'il n'y avait pas d'excès dans les émissions
ni de doute sur la solvabilité de la Banque. »

« Là où une banque n'est pas obligée de payer en espèces,
dit-il encore (¹) pour développer sa pensée, la circulation
entière est livrée à la discrétion de ses Directeurs. Dans de
telles circonstances, il n'existe aucun remède contre une
surémission, parce que la banque qui a le pouvoir de refuser
des espèces est protégée contre tout retour de ses billets
superflus et dépréciés. Mais il se peut qu'une banque n'abuse
pas de pouvoirs aussi étendus, et que, réservant son privilége de refus pour le cas d'extrême gêne, elle rembourse
ceux de ses billets que la marche naturelle des affaires
renvoie à ses bureaux. Dans cette hypothèse, et si aucun
soupçon ne plane sur son crédit, son papier n'éprouvera
aucune dépréciation. C'est pourquoi la possibilité d'une conversion immédiate en espèces n'est pas absolument essentielle à sa valeur. La conversion offre certainement la
meilleure sécurité contre une émission exagérée que l'on peut
considérer comme cause évidente de dépréciation; mais là où
le papier est soutenu par de puissants capitaux et n'est pas
répandu à l'excès, il conservera toute sa valeur quoique n'é-
tant convertible en espèces qu'à la discrétion de la banque. »

## VI

L'ensemble de faits et de doctrines que je cite présente,
il faut le reconnaître, des contradictions :

(¹) Annotation à la *Richesse des nations,* d'Ad. Smith.

Une grande Banque, quelque puissante qu'elle soit par ses ressources et l'étendue de ses opérations, va périr victime de la rigueur des temps; sa chute sera désastreuse pour tous. On la met au régime du cours forcé; aussitôt, elle retrouve toute sa force, elle brave les événements et sauve le pays d'une catastrophe.

Ce régime, qui, dans la pratique, est l'unique et souverain remède d'une situation désespérée, est d'ailleurs justifié dans son essence par les principes économiques.

Et cependant, la science économique le condamne, par l'organe de ses représentants les plus éclairés.

Une circonstance accroît encore ces contradictions : Un grand nombre de banquiers, hommes essentiellement pratiques, consultés sur la valeur du cours forcé, répondent que « ce serait une excellente chose. » Cette opinion a même quelquefois prévalu dans les Conseils de la Banque de France, et il y a un an à peine, M. Kœnigswarter, député de la Seine, ancien banquier, proposait à la Chambre l'application temporaire et intermittente de ce régime comme le remède aux difficultés croissantes de cette institution.

Les économistes fondent leur condamnation du régime du cours légal sur les abus auxquels bientôt il donne lieu.

Quels sont donc ces abus? Quels qu'ils soient, forment-ils le cortége nécessaire du régime du cours légal? Ne peut-on pas, au contraire, les attribuer à l'inexpérience des gouvernements, à la connaissance autrefois imparfaite de principes que la science économique a depuis consacrés? Ne peut-on pas instituer le cours légal dans des conditions qui rendent ces abus impossibles?

C'est dans l'histoire qu'il faut chercher les enseignements nécessaires à la solution de ces questions.

Souvent, les spectres menaçants de la Banque de Law et des assignats se dressent à la pensée de l'institution du cours légal; je crois donc utile de m'arrêter un instant sur les causes qui ont amené ces deux grandes catastrophes. Je parlerai ensuite du cours forcé de 1797.

## VII

Louis XIV, par ses prodigalités et ses guerres, laissa, en mourant, les finances du royaume dans une situation très embarrassée; le génie de Colbert, assez puissant pour semer dans l'administration du pays des germes que l'avenir devait féconder, ne put relever l'État d'un discrédit né d'inutiles dépenses et d'une dette trop lourde.

Les désordres du Régent aggravèrent l'état des finances publiques. Ce prince en était réduit, pour se procurer de l'argent, à l'expédient de l'altération des monnaies.

A cette époque, Law était déjà connu dans les grands États de l'Europe par sa richesse et la grandeur de ses vues financières; aussi distingué par les manières que par l'intelligence, il ne pouvait manquer d'être accueilli avec empressement, comme j'ai déjà eu occasion de le dire, par un prince ruiné, auquel il promettait, en échange de simples priviléges, le rétablissement des finances du royaume.

Devenu puissant par la faveur du Régent, Law créa une banque et une compagnie commerciales, établissements distincts qu'il projetait de réunir un jour pour constituer une vaste unité.

Des actions furent émises. Le facile empire exercé à la cour par un grand financier sur des courtisans sans ressources, l'avidité des créanciers de l'État et des capitalistes en présence de l'unique valeur offerte à la spéculation, enfin des combinaisons ingénieuses de souscription publique, provoquèrent une irruption générale des capitaux sur les actions de la Compagnie.

D'ailleurs, la Banque opérait avec succès; en outre, le Régent étendait chaque jour le pouvoir de la Compagnie en lui accordant de nouveaux priviléges. Tout contribuait donc à exciter en faveur du *système* un engouement qui bientôt ne connut plus de bornes. L'augmentation du capital social ayant motivé l'émission d'actions nouvelles, on vit l'étrange spectacle d'une population entière frappée de vertige, oubliant la valeur réelle de toutes choses, abandonnant ses travaux, sacrifiant ses terres, ses produits, son or, pour acquérir une valeur factice qui reposait sur de simples espérances et s'accroissait sans mesure, uniquement soutenue par les élans d'une ardeur insensée. Les produits des rives du Mississipi, les bénéfices résultant du privilége exclusif du commerce de l'Orient, les revenus immenses que la Compagnie des Indes devait créer par ses diverses combinaisons financières, n'étaient encore que des espérances; les actions de cette Compagnie représentaient un capital de 10 milliards et ses revenus atteignaient à peine 80 millions. L'im-

9

mense édifice avait donc une trop faible base ; il n'était soutenu que par une confiance aveugle. Bientôt, l'excès du mal
fit comprendre le péril, la confiance faiblit, l'édifice s'ébranla;
chacun sentant que le lourd fardeau allait crouler, l'aban-
donna pour fuir ses atteintes. La chute eut lieu en effet, et
produisit de grands désastres ; les épargnes du travail avaient
abandonné leurs légitimes possesseurs, pour servir un instant
les désordres de quelques parvenus, et bientôt périr elles-
mêmes dans la dissipation. La banque de Law fut, selon
l'énergique expression de M. Pierre Clément (¹), une véritable
« orgie financière. »

La funeste expérience du *système* confirme ce principe
économique : lorsqu'un titre fiduciaire n'est pas le signe
représentatif d'une valeur réelle existante, ce titre n'a pas
de valeur réelle. La difficulté de reconnaître que la valeur
représentée n'existe pas, difficulté accrue par les manœuvres
de la spéculation, peut faire attribuer momentanément à ce
titre une valeur en échange; mais tôt ou tard la marche
nécessaire des faits dévoile l'erreur ; cette valeur mensongère
s'évanouit entre les mains de ses détenteurs, et emporte dans
le néant, avec leurs illusions, une propriété née du travail, et
que son origine aurait dû préserver de la destruction stérile.

## VIII

De Louis XIV à la Révolution, les émbarras du trésor se
sont accrus, comme croissait le mouvement des idées qui

(¹) Études financières.

préparait la chute de la royauté. La même cause, la dépravation des classes dirigeantes, favorisait cette double marche; la même cause, l'existence des priviléges, rendait impossibles les réformes financières et excitait l'antagonisme social. Chaque année, le déficit de l'État augmentait, les expédients échouaient, les rigueurs devenaient plus intolérables : une banqueroute était imminente. L'Assemblée nationale la refusa solennellement dans sa séance du 27 août 1789. Il fallait cependant trouver un remède à cette situation : Necker proposa (¹) de convertir la caisse d'escompte en une Banque nationale qui, par l'accroissement de son capital et à l'aide d'une émission de billets garantie par l'État, pourrait augmenter les avances faites au trésor public. Ce projet, qui semblait offrir dans ses dispositions essentielles de sérieux avantages, pouvait-il sauver le pays? Je n'oserais l'affirmer; il est difficile d'admettre que dans une tourmente où le système social fut bouleversé de fond en comble, le régime financier pût résister au renversement général. Mais si Necker eût pu opposer pendant quelque temps, par des combinaisons ingénieuses, une résistance salutaire aux coups de la Révolution, Mirabeau, en combattant son projet, le Comité des finances, en proposant la création des assignats, ouvrirent au contraire les voies les plus directes pour conduire le pays à sa ruine : sur la proposition du Comité, l'Assemblée nationale décréta, dans sa séance du 19 décembre 1789, une première émission de 400 millions d'assignats.

Que représentaient les assignats? La valeur réelle dont

(¹) Séance de l'Assemblée nationale du 14 novembre 1789.

ils devaient être l'équivalent, quelle était-elle? Les biens nationaux.

« L'or a-t-il une valeur plus réelle, s'écriait Pétion dans la séance du 16 Avril 1790, que des biens mis en vente et des assignats sur la valeur de ces biens? Si les assignats restent libres, la cupidité les menace d'une dépréciation considérable; si leur cours est forcé, ils seront dispersés dans une foule de mains où ils trouveront des défenseurs. Le bienfait des assignats sera d'assurer la Révolution, de rehausser le prix des ventes en multipliant les acquéreurs, de ranimer le commerce et les manufactures en ravivant une circulation devenue languissante par la privation de ses agents; ces avantages peuvent-ils être balancés par l'immoralité prétendue des assignats forcés?... La loi forcera à prendre une valeur pour ce qu'elle vaut réellement; est-ce une chose odieuse que de partager entre ses créanciers des prés, des terres, des vignes?... Est-ce autre chose qu'un lingot d'or divisé en pièces de monnaie? »

Pétion se trompait. En admettant que ces prés, ces terres, ces vignes existassent, ils n'avaient qu'une faible valeur en échange. S'ils eussent appartenu à une grande Compagnie agricole parfaitement organisée, faisant valoir chaque terrain selon son degré de fertilité, et donnant ainsi des revenus normaux, nul doute que les titres représentatifs du capital de cette Compagnie eussent été acceptés dans la circulation comme un excellent instrument d'échange. Mais il n'en était pas ainsi. Le possesseur d'un assignat devait devenir propriétaire malgré lui, acquérir une valeur qui le plus souvent n'aurait pour lui aucune utilité, et dont par suite il devait chercher à se débarrasser à perte. La dépréciation des assignats était donc inévitable ; elle était la conséquence forcée d'un mauvais principe : créer des assignats comme monnaie, c'était adopter pour l'instrument d'échange par excellence une valeur possédant très-faiblement l'aptitude à l'échange.

Une considération d'un autre ordre devait précipiter la dépréciation des assignats.

Quels étaient ces biens nationaux, valeur réelle mère des assignats ? C'étaient les biens du clergé, les biens de la liste civile, les biens des émigrés. La nation en avait-elle la possession légitime ? Conserverait-elle longtemps cette possession ? Que de citoyens en doutaient encore ! Quelles manœuvres les ennemis de la Révolution, les victimes de ses rigueurs n'employaient-ils pas pour propager ces doutes ? Pendant ce temps, la marche des événements rendait les charges du Trésor de plus en plus lourdes ; d'un autre côté, la réduction des droits de douane, l'abolition des gabelles, des dîmes et autres impôts analogues, tarissaient les sources de ses revenus naturels.

Par ces raisons diverses, il arriva que chaque émission nouvelle d'assignats fut impuissante à lutter contre les besoins croissants de la situation. D'ailleurs, à mesure que le nombre d'assignats émis augmentait, leur valeur, par cette seule cause, diminuait dans le même rapport. Vainement le pouvoir exécutif opposait-il ses efforts à l'accomplissement des lois économiques ; vainement un décret de la Convention ( 10 mai 1794 ) ordonna-t-il la peine de mort contre celui qui refuserait d'accepter des assignats en paiement, ou les échangerait au-dessous de leur valeur : l'assignat se dépréciait chaque jour davantage. Et cependant quel parti prendre ?

Lorsque, par exemple, le 1<sup>er</sup> novembre 1791, on vint déclarer
à l'Assemblée nationale, au nom du Comité de la Caisse de
l'extraordinaire, que le Trésor ne pourrait payer les dépenses
de la journée, tandis qu'il était si facile de faire sortir des
millions en assignats de la machine à fabriquer; comment
l'Assemblée, devant une telle urgence, devant les nécessités
créées par la grandeur de la tâche qu'elle s'était imposée,
n'eût-elle pas autorisé une émission supplémentaire; comment n'eût-elle pas jeté dans la circulation une masse nouvelle d'assignats bientôt destinée à accroître la dépréciation
de la quantité totale déjà émise?

Si les principes économiques ont dû être foulés aux pieds
dans les convulsions qui ont accompagné l'accomplissement
d'une grande œuvre sociale, ils ne l'ont pas été impunément.
L'État fit banqueroute : un décret du Directoire, en date du
21 mai 1797, annula les 21 milliards d'assignats existant
dans la circulation. La fabrication totale s'était élevée à
environ 45 milliards en huit années.

Deux causes ont fait de l'assignat l'instrument de la ruine
publique. En premier lieu, ce titre fiduciaire représentait de
moins en moins une valeur réelle; et cependant cette raison,
qui avait causé la chute de la banque de Law, n'eût pas suffi,
appliquée à une monnaie, sans une raison plus puissante, sans
l'excès de l'émission eu égard aux besoins de la circulation.

La monnaie, en effet, a une double fonction : non seulement elle doit, comme tous les titres fiduciaires, représenter
une valeur réelle, mais elle doit aussi servir aux échanges.

En ce qui concerne cette dernière fonction, si la quantité de monnaie existant dans le pays est inférieure aux besoins de la circulation, la monnaie est rare, sa valeur augmente ; si cette quantité dépasse les besoins de la circulation, la monnaie est abondante, sa valeur diminue.

On conçoit ainsi que la rareté d'une monnaie puisse lui donner jusqu'à un certain point une valeur qu'elle ne représente pas par elle-même.

Par la raison inverse, les excès commis dans l'émission des assignats favorisèrent la tendance du pays à déprécier une monnaie fiduciaire à laquelle on n'accordait, d'ailleurs, aucune confiance.

## IX

L'Angleterre a fait, de 1797 à 1821, l'expérience du cours forcé. Cette expérience n'a pas été heureuse dans ses résultats :

« M. Th. Tooke, dit J.-B. Say ([1]), après avoir observé les fluctuations survenues en Angleterre dans le prix des choses et dans l'intérêt des capitaux, de même que les bouleversements de fortune et les banqueroutes dont ce pays a été le théâtre depuis l'année 1797, est convenu « qu'un système monétaire où le papier joue un si grand rôle est exposé à des inconvénients tellement graves, qu'ils doivent l'emporter sur l'avantage de se servir d'un agent de la circulation peu dispendieux ([2]). »

En s'exprimant ainsi, Tooke semble n'attribuer à la mon-

---

([1]) *Traité d'Économie politique*, liv. I, ch. XXVI.
([2]) *Considerations on the state of currency*, p. 85.

naie de papier d'autre avantage que l'économie du prix de revient. Il ressortira par la suite qu'elle en présente d'autres. Quoi qu'il en soit, la condamnation prononcée par l'économiste anglais doit-elle être admise? C'est ce que je rechercherai en jetant un coup d'œil sur les causes et les effets de la suspension de 1797.

« Le 25 février 1797, racontait M. le comte d'Argout à la Chambre des Pairs, dans la séance du 26 mai 1847, arrive une dépêche de Benchy-Head, annonçant que les vigies ont signalé l'apparition d'une flotte de 300 voiles. C'était à l'époque où le Directoire préparait une expédition maritime qui s'est terminée par une descente en Irlande, expédition qui a fini misérablement; mais cette expédition causait une certaine inquiétude à Londres. A cette nouvelle de l'apparition d'une flotte de 300 voiles, l'épouvante se répand dans le public, et on se précipite sur la Banque. Deux heures après, une deuxième dépêche arrive qui informe le gouvernement, et le gouvernement s'empresse de la transmettre au public, que la première nouvelle est le résultat d'une erreur; que l'homme préposé aux vigies avait, par suite de son inexpérience, écrit le chiffre de 300 au lieu de 3, et qu'il s'agissait seulement de 3 corsaires. Eh bien! on eut beau répandre dans le public que c'était une erreur, que les vigies avaient seulement signalé 3 corsaires, l'élan était donné précisément, je le répète, par les porteurs de petites coupures, et le lendemain parut un ordre du Conseil qui autorisait la Banque d'Angleterre à suspendre ses paiements. »

La Banque d'Angleterre avait prévu qu'elle serait tôt ou tard réduite à cette extrémité. Créancière de l'État pour la majeure partie de son actif, elle avait fait au gouvernement, en 1795 et 1796, par l'organe de ses Directeurs, des représentations qui furent vaines : l'État ne pouvait se libérer.

Au 26 février 1797, le bilan de la Banque d'Angleterre s'établissait comme suit :

**ACTIF.**

| | | |
|---|---:|---:|
| Dette permanente du gouvernement.. | 11,686,800 liv. st. | |
| Avances faites au gouvernement.... | 10,672,503 | |
| Dette totale du gouvernement... | 22,359,303 | 22,359,303 |
| Encaisse métallique...................... | | 1,227,000 |
| Portefeuille et titres...................... | | 2,949,080 |
| | | 26,535,383 |

**PASSIF.**

| | |
|---|---:|
| Passif immédiatement exigible.................. | 13,770,390 |
| Capital............................................ | 11,686,800 |
| | 25,457,190 |

Si l'Angleterre avait encore confiance en son gouvernement, la situation de la Banque ne devait inspirer aucune inquiétude au point de vue de la solidité intrinsèque de l'institution. Mais à cette époque, les esprits étaient très alarmés ; l'insurrection d'Irlande, les succès de l'armée française, les projets de descente en Angleterre, avaient fortement ébranlé la confiance publique. Une simple alerte avait suffi pour effrayer les détenteurs de billets, et la Banque, assiégée, fut obligée, par la nature de ses rapports avec l'État, de prendre une résolution extrême.

Dans ce péril, le cours forcé pouvait seul sauver la Banque et le commerce de l'Angleterre. Les négociants de Londres le comprirent si bien, que, dès que la mesure fut connue, ils se réunirent et signèrent la résolution expresse

d'accepter les billets de la Banque comme monnaie dans leurs
opérations ([1]).

Pendant les trois premières années, le billet de banque
fut au pair de la monnaie ; sa dépréciation commença en
1800. Quelle en fut la cause?

« La première baisse dans la valeur des billets de banque
comparés à l'or commença vers la fin de 1800, dit Mac
Culloch ([2]). Les faibles récoltes de cette année amenèrent
une exportation considérable de métaux précieux ; mais au
lieu de diminuer leurs émissions, comme le leur ordonnaient
les vrais principes et comme ils eussent été obligés de le
faire dans le cas où on leur eût imposé l'obligation de payer
en argent, les Directeurs ajoutèrent encore à la quantité de
leurs billets existants, et la conséquence immédiate fut que
ceux-ci subirent une dépréciation de 8 0/0 comparés avec
l'or. Mais bientôt après ils reprirent leur valeur, et de 1803
à 1808 inclusivement, ils n'offraient plus qu'un escompte de
2 livres 13 sch. 3 den. 0/0. En 1809 et 1810 cependant,
les Directeurs parurent avoir méprisé tous les principes qui
avaient jusque-là gouverné leurs émissions. La quantité
moyenne de *bank-notes* en circulation, qui n'avait jamais
dépassé 17 millions et demi ni été au-dessous de 16 millions
et demi dans aucune des années de 1802 à 1808 inclusive-

[1] Résolution prise par le commerce de Londres le 27 février 1797, sous
la présidence du lord maire :

« Nous soussignés, sentant vivement combien est nécessaire, dans les
circonstances présentes, la conservation du crédit public, déclarons avec
empressement que nous ne refuserons en aucun cas de recevoir les billets
de banque en paiement des sommes qui nous seront dues, et que nous ferons
tous nos efforts pour effectuer nos propres paiements de la même manière. »

[2] Annotation à la *Richesse des nations*, d'Ad. Smith.

ment, s'éleva en 1809 à 18,927,833 livres, et en 1810 à
22,541,523 livres. Les émissions des Banques de province
s'accrurent dans un rapport encore plus grand ; et comme il
ne se manifesta pas un développement relatif dans les affaires
du pays, l'escompte sur les bank-notes s'éleva de 2 liv. 13
sch. 2 den. vers le commencement de 1809, à 13 liv.
9 sch. 6 den. en 1810. Cette chute extraordinaire dans la
valeur du papier comparée à celle de l'or, jointe comme elle
le fut à une baisse égale dans le change, excita au plus haut
point l'attention, et en février 1810 un comité de la Chambre
des communes fut désigné pour rechercher les causes du
haut prix des lingots d'or et de l'état du change. Le comité
consulta plusieurs négociants et banquiers, et son rapport,
principalement rédigé par M. Francis Horner, renferme une
habile réfutation des chiffres et des doctrines posés par ceux
qui soutenaient que la baisse du change et le haut prix des
lingots devaient être entièrement attribués à nos dépenses
au dehors et à l'état spécial de nos relations avec les autres
puissances, et ne tenaient nullement aux quantités addition-
nelles de papier qui étaient venues grossir la circulation. »

L'excès des émissions avait causé la dépréciation des
assignats ; l'excès des émissions causa de même la dépréciation des billets de la Banque d'Angleterre. Les circonstances
dans lesquelles eut lieu l'abrogation du cours forcé de ces
billets, en 1821, confirment pleinement cette vérité : pour
rétablir l'ancien régime sans secousse, on voulut ramener le
pair du billet avec le métal ; dans ce but, on diminua la quantité totale des billets en circulation, et le résultat fut atteint.

Ainsi qu'en Angleterre, l'excès des émissions a toujours été, dans les divers pays, la cause essentielle de la dépréciation des billets de banque.

## X

Il demeure donc établi par les considérations précédentes que deux causes tendent à produire la dépréciation d'un billet de banque : la non-représentation d'une valeur réelle, l'excès d'émission.

D'ailleurs, il est bien évident que si ces deux causes n'existent pas, si la Banque est solide et si ses émissions se règlent sur les besoins de la circulation, les billets ne seront pas dépréciés. Cette conséquence ne saurait être contestée.

## XI

Ces deux causes dérivent-elles du régime du cours forcé ou en sont-elles indépendantes?

Il est manifeste que la non-représentation de valeur réelle et l'excès d'émission sont des maux que tous les régimes ont éprouvés.

La valeur exagérée des actions de la Compagnie des Indes n'était pas imposée par la loi; elle résultait d'un libre débat entre l'offre et la demande.

D'une manière générale, dans les cas nombreux à l'infini où la spéculation fausse la valeur naturelle des titres représentatifs de capitaux, l'exagération des prix, leur chute au moment de la réaction, résultent de marchés librement conclus.

Je vais établir de même que les banques ont souvent, sous leur régime normal du remboursement à vue, commis de graves excès dans leurs émissions de billets :

La plupart des banques des États-Unis suspendirent leurs paiements de 1812 à 1819. Comment y furent-elles conduites? Par l'excès de billets émis sous leur régime normal.

M. Jefferson, troisième président des États-Unis, écrivait en 1813, sous l'émotion des astres causés par les excès des banques :

« L'économie insignifiante que présente l'emploi du papier comme moyen d'échange, et les facilités qu'il offre pour le transport des valeurs, ne sont d'aucun poids en comparaison de ses dangers et de ses pertes. Il est sujet à d'inévitables abus, et ces abus sont parvenus aux États-Unis à un point qu'ils n'avaient atteint chez aucune nation, si ce n'est en France.

» La masse de notre circulation est déjà dix ou douze fois plus considérable que ne l'exigeraient nos besoins (1,400 millions pour 7 à 8 millions d'habitants), tellement que personne ne peut connaître aujourd'hui la valeur de sa propriété, attendu que cette valeur s'accroît au moment où il la calcule. Il est encore plus difficile de savoir ce qu'elle vaudra quand le signe des échanges sera réduit lui-même à sa valeur réelle. »

De 1837 à 1840, les banques des États-Unis se trouvèrent encore, pour la plupart, obligées de suspendre leurs paiements. La même cause, l'excès des émissions sous leur régime normal, les avait obligées de modifier ce régime.

Dans son Message du 4 septembre 1837, M. Van Buren, président des États-Unis, montrait qu'en trois années l'émission déjà monstrueuse du papier des banques s'était encore élevée d'un tiers.

En Angleterre, de 1797 à 1821, les banques provinciales dépassèrent dans leurs émissions, sous leur régime normal, les excès commis par la Banque d'Angleterre sous le régime du cours forcé. Mac Culloch, qui cite ce fait [1], ajoute que « parmi les diverses réponses qui furent adressées aux enquêtes du Conseil d'Agriculture en 1816 par les citoyens les plus intelligents des différents districts du pays, il en est à peine une dans laquelle l'émission exagérée des billets de banque ne soit pas particulièrement désignée comme l'une des causes prédominantes de la hausse, sans antécédent encore, qui avait atteint les rentes et les prix. »

Je pourrais, pour corroborer ma proposition, citer d'autres exemples empruntés à l'histoire des banques.

## XII

C'est donc par erreur que l'on impute au régime du cours forcé des abus communs à tous les régimes.

Cette erreur, d'ailleurs, s'explique facilement : le cours

[1] Annotation à la *Richesse des nations,* d'Adam Smith.

forcé n'a jamais été appliqué que sous la pression des événements, c'est-à-dire à des époques où les pays étaient sur la pente des abus. Quand les abus se sont produits, on les a attribués au régime né des circonstances, au lieu de les attribuer aux circonstances elles-mêmes. Les émissions immodérées de la Banque d'Angleterre eussent-elles eu lieu sans les événements extraordinaires qui ont marqué le commencement du siècle? De même, en 93, le gouvernement révolutionnaire eût-il inondé la France d'assignats, si chaque émission nouvelle n'eût été commandée par des nécessités d'un ordre supérieur?

## XIII

Il faut donc reconnaître que les abus commis en divers pays et en divers temps sous le régime du cours forcé sont dus non au régime lui-même, mais aux circonstances politiques d'une part, et de l'autre aux conditions imparfaites dans lesquelles le régime a été établi. Mais ces abus ne sont pas inévitables. Avec Ricardo, je suis d'avis qu'il faut, sous le régime du cours légal, restreindre l'émission des billets de banque et l'assujétir à une surveillance ; mais si ce résultat est rigoureusement atteint, les abus ne seront pas possibles.

Un cours légal institué de telle sorte que la nouvelle monnaie de banque représente toujours une valeur réelle égale à sa valeur nominative et que son émission soit toujours réglée sur les besoins de la circulation, aura tous les avantages du régime sans en avoir les inconvénients. Le cours légal, dans ces conditions, est la véritable, la seule solution du problème des banques.

Je vais établir, en recherchant les conséquences du cours légal au double point de vue du crédit et de la circulation, les conditions dans lesquelles ce régime doit être institué ; mais avant de terminer ce chapitre, je présenterai un argument spécial en faveur de l'adoption du cours légal :

Quand les temps deviennent difficiles, un seul remède peut sauver la Banque de sa chute, et le pays des malheurs que cette chute entraîne : c'est le cours forcé.

Puisque le cours forcé est le remède nécessaire, inévitable, on l'appliquera quand ces temps difficiles viendront, quel qu'ait été le régime en vigueur dans les temps ordinaires.

Par conséquent, appliquer le régime du cours légal en temps ordinaire n'est pas engager l'avenir. Il se trouve engagé de lui-même par la nature des choses.

Au contraire, et en l'absence même de tous principes économiques, on trouverait sans doute utile, en vue des temps difficiles qu'il faut toujours prévoir, d'établir le cours légal en temps prospère, afin d'éviter les effets d'une transition brusque de régime s'opérant au milieu d'un bouleversement politique ou financier.

A plus forte raison le cours légal doit-il être institué s'il offre aux difficultés des temps prospères, comme à celles des temps critiques, une solution parfaite.

## CHAP. VII. — DU COURS LÉGAL DANS SES RAPPORTS AVEC LE CRÉDIT.

I

Je suppose que la Banque de France, par son organisation, par la nature de ses opérations, par sa prudence constante, en un mot par les garanties qu'elle offre dans le présent et dans l'avenir, inspire au pays la confiance la plus grande et que, par cette confiance même, le cours légal ait été institué.

Sous ce régime, un rempart inexpugnable protège l'encaisse métallique de la Banque de France contre toute attaque ; la Banque seule a le droit de disposer de ses réserves.

Cette situation nouvelle faite à la Banque a des conséquences d'une haute portée.

II

La Banque, en opérant l'escompte et faisant des avances, le pays en admettant les billets de banque dans la circulation, font un échange réciproque de crédit ; cet échange

10

crée des liens moraux que la loi doit cimenter. Sous le
régime actuel des banques, loin d'atteindre ce but, la loi,
comme j'ai déjà eu occasion de le dire, semble conspirer
avec le pays, quand surviennent les temps difficiles, pour
compromettre l'existence de l'institution. En temps ordinaire,
en effet, le pays accorde à la Banque une confiance illimitée,
en retour de laquelle, d'ailleurs, elle lui rend la plus grande
somme possible de services. Mais quand l'horizon s'obscurcit,
les liens se rompent, on oublie que la Banque, pour subsister,
doit obtenir un crédit égal à celui qu'elle accorde; quelles
que soient les garanties réelles qu'elle offre, on lui refuse
la confiance essentielle à sa vie, on se précipite vers elle,
et un cri général réclame, de par la loi, un remboursement
impossible. Il a fallu, pour modifier cet état de choses, quand
il s'est produit, modifier la loi elle-même.

Par l'institution du cours légal, ces faits ne se renouvelle-
ront plus; on ne verra plus les détenteurs de billets produire
des paniques ou en accroître l'intensité par leur ardeur à se
précipiter aux guichets de la Banque; on ne verra plus
l'existence même de la Banque compromise par son impuissance à remplir des engagements librement contractés.

III

L'encaisse étant préservée, la Banque ne sera plus exposée à lutter, par des mesures funestes au pays ou onéreuses
pour elle-même, contre l'écoulement de ses réserves métalliques; elle ne s'épuisera plus en vains efforts, soit devant
les exigences de la circulation métallique, soit devant

les manœuvres du commerce de banque ou de la spéculation.

Soustraite aux préoccupations incessantes de la préservation de l'encaisse, la Banque de France devient libre de ses décisions, maîtresse de ses prérogatives : elle peut désormais appliquer tous ses soins, accorder toute sa sollicitude aux intérêts généraux placés sous sa dépendance ; son action tutélaire devient plus efficace, sa mission grandit, son rôle s'élève.

## IV

La suppression de toutes les fluctuations du taux de l'intérêt, l'invariabilité absolue de ce taux, est la mesure essentielle, primordiale, que l'institution du cours légal suggère.

J'ai déjà insisté sur la haute portée de cette mesure. La certitude de trouver à la Banque le crédit dans des conditions toujours égales, offre au commerce un avantage de premier ordre. La constance des conditions est le gage de la sécurité des affaires ; l'expérience en a souvent été faite, et pour n'en citer qu'un exemple récent, je rappellerai la funeste application de l'échelle mobile au commerce des grains. Dans les enquêtes faites en 1859 par le Conseil d'État sur la révision de la législation des céréales et sur la question de la boulangerie parisienne, les négociants en grains n'ont eu qu'un cri pour condamner ce système : « L'échelle mobile, ont-ils dit, ayant pour conséquence de

» faire varier sans cesse le prix du blé sur le marché français,
» nous ne pouvons asseoir sur des bases sûres les combinai-
» sons de nos achats à l'extérieur; dans cet état permanent
» d'incertitude, nous nous abstenons de faire des affaires, dût
» le pays éprouver les souffrances d'une disette. »

Il ne saurait en être autrement. On ne bâtit pas des édifi-
ces sur les sables mobiles; on ne crée pas des affaires lorsque
leurs bases les plus essentielles sont sujettes à varier.

Au contraire, avec un crédit obtenu dans des conditions
constantes, le négociant pourra toujours combiner ses opérations avec sûreté.

La fixité du taux de l'escompte à la Banque non-seulement
sera utile au commerce dans les opérations même de l'escompte, mais elle exercera encore indirectement une influence
non moins efficace sur la marche générale des affaires :

La variation du taux de l'escompte chez les banquiers est
due principalement, ai-je dit dans un précédent Chapitre,
aux conditions variables de l'escompte à la Banque de
France. Si la Banque fixe un taux invariable, les capitalistes
adopteront cette invariabilité, et les banquiers paieront
désormais un prix invariable pour le loyer de leurs capitaux
d'emprunts. L'escompte chez les banquiers n'aura donc plus
lieu de varier que par la variation du risque.

Ainsi, en réalité, la fixité du taux de l'escompte à la Banque aura pour conséquence de rendre fixe d'une manière
générale le loyer de l'argent. Quant au taux du risque, il
échappe à toute fixation; il est variable parce qu'il dépend
directement de la nature essentiellement variable des individus.

L'invariabilité du taux de l'escompte, en faisant succéder un état éminemment stable à l'état de variation permanente que la mobilité des conditions du crédit maintient dans les diverses régions des affaires, réagira donc de la manière la plus heureuse sur le développement et les résultats des opérations commerciales. Depuis longtemps, on dit, en France, que les affaires souffrent, qu'elles deviennent difficiles; perfectionner les moyens du crédit, c'est attaquer le mal à sa source, c'est en préparer la destruction.

« Ce que vous devez dire au gouverneur de la Banque et aux régents, écrivait Napoléon Ier, le 15 mai 1810, à M. Mollien (¹), c'est qu'ils doivent écrire en lettres d'or, dans le lieu de leurs assemblées, ces mots : *Quel est le but de la Banque de France? — D'escompter les crédits de toutes les maisons de commerce de France à 4 0 0.* »

## V

La restriction de la durée de l'échéance, nécessitée aussi par l'anomalie de l'encaisse, doit, de même, être supprimée. La Banque ne craindra plus de ne pouvoir renouveler ses espèces métalliques en un temps assez court pour faire face aux exigences de ses opérations.

L'application de cette mesure violente et anormale heurte les principes d'une saine économie. Il est nécessaire de n'y plus recourir.

---

(¹) *Mémoires d'un ministre du Trésor public,* tome I, 2e partie.

## VI

Par la même raison, la Banque n'aura plus lieu de refuser un effet présenté à l'escompte, lorsque cet effet portera en lui le gage certain de son remboursement à l'échéance.

## VII

La suppression des mesures restrictives de la Banque, la constance des conditions offertes par elle au commerce, doit donc replacer le crédit, en France, dans des conditions éminemment favorables ; devenu indépendant des crises étrangères, soustrait autant que possible à l'action des crises intérieures, il sera désormais assis sur ses bases les plus solides.

Si, sous les règnes précédents, l'invariabilité du taux de l'escompte et de la durée des échéances a été favorable aux affaires commerciales, quelle ne sera pas son importance aujourd'hui que toutes les branches du travail ont acquis une activité jusqu'à ce jour inconnue ? Le crédit, en effet, est l'âme de ce grand mouvement ; jamais les mesures restrictives qui l'ont atteint ne pouvaient être plus funestes ; jamais il n'a été plus nécessaire de lui rendre une constitution vigoureuse.

## VIII

J'ai dit quelle réserve la Banque doit apporter, sous le régime des billets à vue et au porteur, dans ses avances sur dépôts de titres.

Si elle observe cette réserve, elle ne rend au pays que de faibles services; si elle se laisse entraîner à faire d'importantes avances, elle peut avec raison vivre en un perpétuel souci : Qu'adviendrait-il d'elle si une catastrophe quelconque rendait la majeure partie de ses débiteurs momentanément insolvables, et, simultanément, dépréciait les titres déposés en ses mains? Ces titres, quelle que fût leur valeur réelle, ne sauraient faire entrer dans ses caisses les espèces métalliques nécessaires aux remboursements que les détenteurs de billets viendraient réclamer.

La prudence ordonne aujourd'hui à la Banque de craindre une telle éventualité d'une manière permanente, même dans les temps les plus prospères. Ses facultés sont donc paralysées; par devoir, elle doit se priver de dispenser largement un crédit universellement recherché, quelle que soit, d'ailleurs, la solidité des garanties qui lui sont offertes en retour.

Le régime du cours légal fait évanouir ces appréhensions. La Banque, libre de ses actes, ne consulte plus, pour faire des avances, que la valeur des titres dont le dépôt lui est proposé comme gage par les emprunteurs.

Comme conséquence, la faculté accordée à la Banque de faire des avances sur les effets publics français peut être étendue à tous les titres offrant les mêmes garanties de valeur réelle.

Par l'institution du cours légal, la Banque de France rem-

plira donc pleinement son rôle de banque de dépôt, puisqu'aucun obstacle ne le privera désormais de rendre aux
emprunteurs qui offrent des garanties sérieuses tous les
services qu'ils sollicitent.

## IX

M. J.-B. Duvergier traçait, il y a vingt ans, dans son
*Traité du prêt à intérêt* (¹), le programme des réformes à
accomplir pour combattre l'usure. Une partie de ce programme a déjà été réalisée ; l'institution du cours légal doit
achever l'œuvre :

« La Banque de France et les banques de département,
disait l'éminent jurisconsulte, offrent au commerce de Paris
et des principales villes du royaume des ressources qui le dis-
pensent presque d'avoir recours au crédit privé; mais l'action
de ces grands établissements est restreinte aux lieux dans
lesquels ils existent; dans ces lieux mêmes, elle ne pénètre
pas assez avant; les rangs inférieurs restent en dehors de sa
sphère. Il y a donc nécessité de les multiplier, afin que toutes
les parties du territoire participent au bien qu'ils produisent;
il faut aussi apporter à leur constitution les changements con-
venables pour que leur salutaire influence s'étende sur toutes
les classes des commerçants. Ces améliorations une fois
réalisées, l'usure disparaîtrait infailliblement des opérations
commerciales, et ne pourrait plus s'exercer que dans les
transactions civiles. Pour lui enlever ce dernier refuge,
l'institution de banques est, sans contredit, le moyen le plus

(¹) *Traité du prêt à intérêt.* — Continuation de Toullier; par J.-B. Duvergier.

efficace... Quelques essais ont été tentés pour procurer aux transactions civiles les capitaux qui leur sont utiles : ils n'ont produit que d'insignifiants résultats ; mais on doit beaucoup espérer de nouveaux efforts... Parvenus à cet état de choses, qu'on n'aperçoit aujourd'hui que dans un avenir éloigné, nous n'aurons plus besoin de punir l'usure, parce qu'elle ne sera plus possible ; de réduire le taux de l'intérêt conventionnel, parce que ce taux sera toujours loyalement réglé ; de chercher à garantir l'emprunteur contre l'oppression du prêteur, parce que, entre eux, sera toujours placé un intermédiaire au-dessus de tout soupçon. »

La Banque de France, en donnant de l'extension à ses opérations d'avances sur dépôts de titres, et en adoptant un taux invariable de l'escompte, tandis que, d'un autre côté, elle étend de plus en plus, par la création de succursales nouvelles, le réseau de ses opérations, favorisera donc, d'une manière puissante, la destruction du fléau de l'usure.

# X

Dans le régime actuel, les avances au Trésor éveillent des craintes analogues à celles qu'inspirent les avances sur dépôts de titres. Que de fois, dans les assemblées législatives, les échos de la tribune n'ont-ils pas retenti de l'expression de ces craintes? Quelle réserve ce spectre toujours menaçant de la suspension de paiement n'a-t-il pas imposée à la Banque, dans ses rapports avec l'État, quel que fût, d'ailleurs, le degré de confiance qui lui fût inspiré? En 1835, la Banque de France, renouvelant pour six mois un traité passé avec le Ministre des finances, en vertu duquel elle s'engageait à fournir au Trésor jusqu'à concurrence d'une somme de 100 millions sur la garantie de dépôts de bons royaux, crut devoir ajouter une clause en vertu de laquelle la convention cesserait d'être obligatoire pour la Banque dans le cas où sa réserve en numéraire viendrait à tomber au tiers de son passif exigible: Et cependant, à cette époque, l'État était dans une situation financière très prospère : « Le » compte d'avances au Trésor, disait M. le comte d'Argout, » gouverneur de la Banque, dans son compte-rendu du » 28 janvier 1836, va toujours en décroissant depuis quel- » ques années. »

On ne saurait s'étayer, j'ai essayé de le prouver, sur les services que la Banque de France a déjà rendus à l'État pour apprécier l'importance de ceux qu'elle est appelée à lui rendre dans l'avenir. Aujourd'hui, l'État pourrait, dans un moment où sa situation financière inspirerait la plus entière confiance, avoir besoin d'une avance importante, et la Banque se trouverait dans l'alternative, ou de la refuser, ou d'accroître outre mesure son passif exigible.

Cette situation montre le vice radical des conditions actuelles : il faut que la Banque puisse faire de larges avances à l'État, lorsque l'État lui offre en retour toutes les garanties désirables ; il faut que, dans les jours difficiles, les créances de la Banque sur l'État ne puissent la conduire à une suspension de paiements qu'elle eût conjurée si une partie de ses ressources n'eût été momentanément absorbée par ces créances.

Ce résultat sera atteint par l'institution du cours légal.
Quand, en France, un Gouvernement, investi, à juste titre,
de la confiance publique, aura besoin de crédit, la Banque
pourra le lui accorder avec largesse.

## XI

Telles sont donc les conséquences du cours légal au point
de vue du crédit.

La Banque trouvera dans ce régime nouveau la sécurité
nécessaire à son indépendance et la puissance indispensable
à son but.

Libre et forte, elle dispensera largement, n'exigeant en
retour que de solides garanties, au négociant, le crédit
nécessaire à ses opérations; au simple particulier, les
avances utiles à la bonne conduite de ses affaires privées; à
l'État, les millions que réclament des besoins urgents ou
imprévus.

## CHAP. VIII. — DU COURS LÉGAL DANS SES RAPPORTS AVEC LA CIRCULATION.

### I. — Proposition.

Si la Banque de France doit, par l'adoption du cours légal, replacer le crédit dans ses conditions normales, elle est destinée à rendre des services aussi utiles au pays, au point de vue de la circulation.

Je vais démontrer que, sous ce nouveau régime, la Banque de France pourra régler la quantité d'espèces métalliques existant dans la circulation, de telle sorte que cette quantité soit toujours en harmonie avec les besoins des échanges.

### II. — Le commerce préfère le billet au métal.

Le billet de banque possède des qualités précieuses pour l'échange. Par sa forme, par son faible poids, il permet de compter et de transporter avec la plus grande facilité les sommes les plus importantes.

Les espèces métalliques, au contraire, exigent un certain temps pour être comptées ; leur transport est embarrassant et dispendieux, leur maniement peut donner lieu à des erreurs et exige des précautions matérielles toujours gênantes.

Le commerce, appréciant ces différences, accorde, en temps ordinaire, une faveur marquée aux billets de banque, et les préfère à l'or et l'argent pour ses échanges journaliers.

### III. — Opportunité des coupures inférieures à 100 fr.

Les plus petites coupures de billets étant de 100 fr., les échanges dont le montant est inférieur à cette somme sont privés des avantages du billet de banque et doivent s'opérer par l'emploi de la monnaie métallique. L'usage du billet est moins utile, il est vrai, dans ces échanges : les billets rendent plus de services en se substituant à une somme de plusieurs centaines ou de milliers de francs qu'à une somme de 50 ou 60 fr.; mais, d'un autre côté, il faut remarquer que, dans les grands échanges commerciaux, les paiements s'effectuent le plus souvent avec des effets de commerce qui passent de main en main; dans les petits échanges, au contraire, on paie comptant en espèces. Si donc les services rendus par les petites coupures sont moindres individuellement, ils sont plus nombreux. D'ailleurs, des quantités embarrassantes d'espèces métalliques peuvent se trouver entre les mains des marchands en détail; les petites coupures sont utiles à cette catégorie nombreuse de commerçants.

Il est donc nécessaire de démocratiser, si je puis m'exprimer ainsi, le billet de banque, en créant en faveur des classes inférieures du commerce et des consommateurs, des coupures diverses inférieures à 100 fr.

L'adoption du cours légal détruit l'objection essentielle, d'ailleurs fondée, qui a toujours été mise en avant pour combattre l'émission des petites coupures : on ne craindra plus que, ces petites coupures se répandant à profusion dans les classes inférieures, toute une population de détenteurs

de billets se porte à la Banque, dans les moments de panique, pour se faire rembourser.

## IV. — Le numéraire équivalent aux petites coupures et le numéraire de thésaurisation afflueront à la Banque.

L'émission des petites coupures aura pour effet immédiat
de faire affluer à la Banque une quantité considérable de
numéraire; toute coupure jetée dans la circulation, si elle ne
rentre à la Banque sous forme de billet, à l'échéance assignée, fera entrer nécessairement à sa place une somme égale
en espèces métalliques. Les opérations mêmes de la Banque
seront donc les instruments de la substitution des billets
de banque aux espèces.

Cette substitution s'opèrera avec une certaine intensité.

En premier lieu, les billets, dès leur sortie de la Banque,
seront immédiatement dispersés dans la circulation; les
mains qui les ont reçus, quand elles ne pourront les restituer,
devront puiser leur équivalent dans la circulation; si l'on ne
constitue pas cet équivalent avec des billets de banque, il
faudra nécessairement le constituer avec du numéraire.

En outre, la préférence accordée par le commerce aux
billets les fera retenir dans la circulation pour la commodité
des échanges; on se débarrassera des espèces métalliques et
l'on conservera les billets.

Cette préférence est réelle :

Il y a, à l'époque actuelle, environ 800 millions de billets de banque en circulation, et les plus petites coupures sont de 100 fr.

Cette circonstance prouve que dans les diverses régions d'échanges au-dessus de 100 fr., le public préfère à une circulation purement métallique une circulation comprenant 800 millions en billets de banque. S'il en était autrement, ce public irait à la Banque demander l'échange de ses billets contre espèces.

Le phénomène de substitution du billet au métal, qui a eu lieu naturellement dans les régions d'échanges supérieurs à 100 fr., se produira de même dans les régions d'échanges inférieurs à 100 fr., lorsque les petites coupures seront déversées dans la circulation. La même cause, les avantages du billet sur la monnaie métallique, déterminera cette substitution.

Une autre cause non moins puissante favorisera encore la substitution du billet au numéraire : sur les 3 1/2 à 4 milliards qui constituent environ la circulation métallique totale de la France, on évalue à 1 milliard au minimum le numéraire de thésaurisation, c'est-à-dire le numéraire qui reste longtemps inactif dans les caisses des maisons de commerce ou de banque, dans les coffres privés et dans les cachettes des paysans.

Le cours légal aura pour conséquence nécessaire de remplacer la majeure partie de ce numéraire par des billets de banque. Le billet de banque, en effet, étant monnaie légale, sera mis en réserve, à ce titre, comme on met en réserve aujourd'hui le numéraire, et en outre, la propriété qu'il possède de n'occuper que peu de place lui fera accorder une préférence marquée par les thésauriseurs, particulièrement par ceux de la campagne, qui pourront mieux ainsi dérober leur pécule à la convoitise d'autrui.

On ne saurait objecter, à ce dernier point de vue, que les paysans français ont l'habitude de ne vendre leurs produits qu'en échange d'écus sonnants, et qu'ils ne s'en dessaisiront jamais pour les remplacer par des billets :

Au début de l'adoption de cette monnaie, le paysan refusera une fois, deux fois, dix fois, de faire des affaires si on le paie en billets de banque; mais bientôt, quand il verra que la monnaie nouvelle circule de main en main, toujours et partout acceptée à sa valeur nominale, la répulsion qu'il éprouvait s'évanouira naturellement, il voudra voir les billets de plus près, il voudra en essayer l'usage. Il fera pour le billet de banque ce que firent les grenouilles de la fable pour le soliveau. D'ailleurs, à cet égard encore, l'expérience, mieux que toutes les suppositions, s'est prononcée en divers pays, particulièrement en Écosse et en Angleterre, où les paysans des moindres bourgades n'ont, pour ainsi dire, d'autre monnaie que les billets des diverses banques. Or, si, en de telles conditions, le billet, par ses avantages intrinsèques, se répand dans les masses populaires sans éveiller les craintes du non remboursement, à plus forte raison en sera-t-il de même si le billet de banque est, par sa nature, considéré par la population entière comme monnaie, si la loi française le déclare monnaie légale.

V. — Afflux d'espèces à la Banque en 1848.

A l'appui des raisons précédentes, je signalerai un des faits les plus remarquables du régime du cours forcé de 1848.

Si l'on jette les yeux sur les tableaux A et B, on voit que, de 1826 à 1848, période de régime normal, malgré l'accroissement des opérations de la Banque, l'émission des billets est toujours comprise entre 200 et 311 millions.

De 1848 à 1851, au contraire, période comprenant deux années de régime de cours forcé, malgré le ralentissement des affaires, l'émission totale, comprenant, il est vrai, environ 90 millions des anciennes banques départementales, a atteint 583 millions.

Pour faire apprécier avec plus de précision le phénomène que je veux faire ressortir, je présenterai d'autres chiffres :

De 1826 à 1847, le montant total des opérations de la Banque de France s'est accru de 169 0/0. — Dans le même temps, l'émission maximum annuelle s'est accrue de 44 0/0.

De 1848 à 1850, le montant des opérations a diminué de 29 0/0. — L'émission a *augmenté* d'environ 100 0/0.

De 1851 à 1860, le montant des opérations a augmenté de 335 0/0. — L'émission a augmenté de 38 0/0.

Or, le cours forcé a existé du 15 mars 1848 au 6 août 1850 ; en outre, la loi du 10 juin 1847 a autorisé l'émission de coupures de 200 fr., et le décret du 15 mars 1848, celle de coupures de 100 fr.

Le régime du cours forcé, aidé par l'émission de coupures inférieures, a donc introduit avec énergie le billet de banque dans des régions nouvelles de l'échange. Cette introduction

11

a été rapide, et d'ailleurs elle ne s'est pas effectuée contre le gré de la population : en 1849, en effet, le commerce demandait déjà, « à grands cris » (1) à la Banque des billets au lieu d'espèces. La Banque ayant atteint la limite de 452 millions imposée à son émission par les décrets du gouvernement provisoire (2) fut obligée, avant qu'une loi nouvelle (3) portât cette limite à 525 millions, de refuser des billets au commerce et de le contraindre à recevoir de l'argent. Le billet de banque fit jusqu'à 1 1/4 de prime sur le métal.

L'encaisse métallique a augmenté parallèlement à l'accroissement de l'émission. Au 15 mars 1848, la Banque de France avait 115 millions en espèces métalliques; au 6 août 1850, elle en avait 501. En moins de quinze mois, et malgré les nombreux services rendus par la Banque au commerce et à l'État dans cette désastreuse période, l'encaisse avait augmenté de 386 millions. Le chiffre de 501 millions n'était pas un chiffre exceptionnellement élevé, car l'encaisse continua à croître et atteignit, le 2 octobre 1851, la somme de 626 millions : le régime du cours forcé avait cessé ; ses effets duraient encore. On peut dire qu'en trois années le régime du cours forcé de 1848 a fait affluer à la Banque 511 millions de francs.

Tel est donc le double phénomène qui se produit d'une manière nécessaire sous le régime du cours légal, aidé par l'émission de petites coupures : l'émission augmente; les

(1) Compte-rendu du 31 janvier 1850. — M. le comte d'Argout.
(2) Décrets des 15, 25 mars, 27 avril et 2 mai 1848.
(3) Loi du 22 décembre 1849.

billets de banque se substituent aux espèces; les espèces affluent à la Banque.

## VI. — La limite supérieure de l'émission sera déterminée par le change du billet avec le métal.

L'émission, loin d'être arbitraire, a une limite naturelle qu'il importe de définir.

Je suppose que la France ait besoin, pour le service de ses échanges, d'une circulation monétaire de 4 milliards. Si le cours légal existe, si chacun, habitué à considérer les billets de banque comme monnaie, ne consulte plus que la commodité spéciale à chaque cas d'échange pour se servir soit de monnaie de papier, soit de monnaie métallique, les 4 milliards se décomposeront en deux parties, l'une formée de monnaie métallique, l'autre formée de billets de banque. Chaque jour, les besoins des échanges exigeront que ces deux parties aient entre elles un certain rapport.

Lorsque ce rapport ne sera pas observé, la Banque s'en apercevra immédiatement : si les espèces sont trop abondantes, on lui demandera des billets; si les billets sont en excès, on lui demandera des espèces.

Mais l'inobservation du rapport nécessaire entre les deux sortes de monnaie se manifestera d'une manière plus caractéristique encore :

En vertu d'une loi économique, quand une chose devient rare son prix s'élève, quand elle devient abondante son prix s'abaisse. Si donc le billet de banque est au pair de la monnaie métallique, le rapport qu'il convient d'établir, d'après les besoins des échanges, entre les quantités circulantes de ces deux monnaies, se trouve parfaitement observé. Si le billet fait prime sur le métal, y a trop de métal et pas assez de billets dans la circulation ; si le métal fait prime sur le billet, il y a dans la circulation trop de billets et pas assez de métal.

Le change du billet avec l'argent est donc le critérium infaillible des besoins de la circulation.

Tel est le phénomène immédiat, nécessaire, qui doit se produire dans la circulation par l'existence simultanée de ces deux genres de monnaie, le papier et le métal. La conséquence en est naturelle : LE CHANGE DU BILLET DE BANQUE AVEC LA MONNAIE MÉTALLIQUE DOIT ÊTRE LE RÉGULATEUR SOUVERAIN DE L'ÉMISSION DES BILLETS.

VII. — On peut estimer à un milliard l'afflux d'espèces à la Banque sous le régime du cours légal.

Le rapport qu'il convient de maintenir entre la quantité de billets et la quantité d'espèces métalliques constituant la circulation totale, peut-il être déterminé ?

Dès le début de l'établissement du cours légal, le numéraire commencera à entrer à la Banque. Pendant une période

de temps dont la durée dépendra de l'introduction plus ou
moins prompte du billet de banque dans les échanges, la
quantité de numéraire entrant à la Banque croîtra de plus en
plus. En tout temps, en effet, la Banque, incessamment éclairée par les yeux vigilants de ses conseils d'escompte répartis
sur toute la France, sera attentive aux moindres variations
du change du billet avec le numéraire ; dès qu'une tendance
à la dépréciation du billet se manifestera, elle ouvrira ses
caisses et déversera dans la circulation le numéraire dont la
rareté était sur le point de se faire sentir.

Il arrivera donc ainsi, que la Banque, après avoir déversé
une certaine somme de billets dans la circulation, devra y
déverser une certaine somme de numéraire ; mais l'usage du
billet se répandant de plus en plus, la sortie des billets sera,
en définitive, supérieure à la sortie du numéraire, et, de la
sorte, l'encaisse métallique croîtra successivement. C'est par
cette marche accidentée, tantôt progressive, tantôt rétro-
grade, que la Banque amènera le rapport des billets au
numéraire vers un état d'équilibre définitif.


Quel est cet état d'équilibre ?


On a vu que, sous le régime du cours forcé de 1848,
l'encaisse, en trois années, avait augmenté de 511 millions
de francs. Je ne saurais estimer avec exactitude la quantité
dont les réserves de la Banque augmenteraient aujourd'hui
sous le régime du cours légal avec émission de coupures
inférieures à 100 fr. ; on peut cependant faire une hypothèse
approximative :

On évalue aujourd'hui la circulation totale de l'Angleterre à 2,000 millions, décomposés comme suit :

| | |
|---|---|
| Espèces métalliques............ | 1,000 millions. |
| Banknotes................. | 1,000 — |
| | 2,000 millions. |

Le rapport des espèces aux banknotes est ainsi de 1/1.

En France, la circulation totale se décompose comme suit :

| | |
|---|---|
| Espèces métalliques (évaluation minimum).......... | 3,500 millions. |
| Billets de banque (d'après la situation du 13 janvier 1862). | 800 — |
| | 4,300 millions. |

Le rapport des espèces aux billets est ainsi de 43/8.

J'évalue un instant à un milliard la quantité de billets de banque destinés à se substituer, au bout d'un certain temps, au numéraire des échanges et au numéraire de thésaurisation. Cette substitution opérée, la circulation totale de la France se décomposera comme suit :

| | |
|---|---|
| Espèces métalliques.......... | 2,500 millions. |
| Billets de banque............ | 1,800 — |
| | 4,300 millions. |

Et le rapport des espèces aux billets deviendra 25/18, rapport qui est encore supérieur au rapport existant dans la circulation de l'Angleterre.

L'évaluation que je viens de faire, d'ailleurs corroborée par la courte expérience de 1848, peut donc ne pas être exagérée.

VIII. — **Malgré l'inactivité de cette masse d'espèces, l'économie aujourd'hui réalisée dans le prix de revient de la monnaie totale du pays sera maintenue.**

Je suppose, pour établir mon raisonnement, que l'évaluation précédente soit exacte : je suppose que le cours légal ait pour conséquence de jeter, dans un temps donné, dans la circulation, une quantité de billets de banque s'élevant à 1 milliard.

La situation de la Banque, au 13 février 1862, fournit les éléments suivants, nombres ronds :

| | |
|---|---|
| Portefeuille . . . . . . . . . . . . . . . . . | 660 millions. |
| Émission. . . . . . . . . . . . . . . . . | 800 — |
| Encaisse métallique . . . . . . . . . . . | 350 — |

La circulation totale de la France se décompose, en outre, à la même date, comme suit :

| | |
|---|---|
| Monnaie métallique. . . . . . . . . . . | 3,500 millions. |
| Billets de banque. . . . . . . . . . . . | 800 — |
| | 4,300 millions. |

Si, pour simplifier le raisonnement, je suppose qu'à l'époque où le milliard sera entré dans les caisses de la Banque les opérations de la Banque soient au même point qu'au 13 février 1862, la situation, à l'époque considérée, fournira les éléments suivants :

| | |
|---|---|
| Portefeuile . . . . . . . . . . . . . . . . . | 660 millions. |
| Émission . . . . . . . . . . . . . . . . . . . | 1,800 — |
| Encaisse métallique . . . . . . . . . . . | 1,350 — |

La circulation totale de la France se décomposera, à cette même époque, comme suit :

| | |
|---|---|
| Monnaie métallique............ | 2,500 millions. |
| Billets de banque............ | 1,800 — |
| | 4,300 millions. |

Ainsi, transportons par la pensée, à la date du 13 février 1862, un milliard de la circulation métallique de la France dans les caves de la Banque, remplaçons dans la circulation ce milliard d'espèces par une somme égale en billets de banque fabriqués dans ce but, et l'on obtient la situation nouvelle.

Dans cette situation, rien n'est changé en ce qui concerne les services que la Banque de France rend au pays.

Aujourd'hui, en effet, la Banque de France, à la faveur de son privilége, répand dans la circulation 800 millions en billets de banque, et doit en enlever au moins, d'après la règle qu'elle s'est imposée, le tiers de cette somme en espèces métalliques, soit 267 millions. Elle économise donc au pays le prix de revient de 533 millions en numéraire.

Dans la nouvelle situation, la Banque, comme au 13 février 1862, économisera au pays, grâce à son privilége d'émission, le prix de revient de la même somme de 533 millions en numéraire. Elle a simplement introduit dans ses caves un milliard en espèces, en échange d'une somme égale en billets de banque jetée dans la circulation pour les commodités de l'échange.

Ainsi, une considération essentielle ressort de la situation que je définis : la Banque de France n'est pas conduite, sous le régime du cours légal, à dépasser le cercle de ses opérations ordinaires : elle se montre toujours aussi réservée, soit dans l'escompte des effets de commerce, soit dans ses avances au public sur dépôt de titres, soit dans ses avances à l'État. L'émission seule augmente dans une très forte proportion, et le rôle de la Banque est d'emmagasiner les espèces, au fur et à mesure de leur entrée, en échange des billets que réclame la circulation.

Dans la réalité, il n'en sera pas tout à fait ainsi : Aujourd'hui, ainsi que je l'ai fait ressortir plus haut, deux considérations limitent le champ des opérations de la Banque : le degré de confiance que lui inspirent ses emprunteurs, et la crainte d'accroître outre mesure, indépendamment de toute question de confiance, son passif exigible en espèces. Sous le régime du cours légal, cette crainte n'a plus de raison d'être ; la Banque peut prêter avec largesse, et étendre jusqu'aux limites d'une sage confiance la production de ses services. Ces conditions nouvelles donneront à ses opérations un certain accroissement.

Avec le cours légal, la Banque de France doit donc, par la marche naturelle des choses, se trouver nantie de quantités de numéraire de plus en plus considérables, sous la seule influence des besoins de la circulation, et ces quantités croîtront jusqu'à ce que la circulation ne réclame plus l'émission de quantités nouvelles de billets.

## IX. — Disposant de puissantes réserves métalliques, la Banque réglera la circulation métallique du pays.

La Banque, par les puissantes réserves métalliques dont elle aura, dans mon hypothèse, la libre disposition, réglera désormais la circulation monétaire de la France.

Avant d'examiner le rôle qu'elle est appelée à remplir, je définirai deux lois économiques très-importantes : la *loi de l'équilibre métallique* et la *loi de l'équilibre monétaire.*

## X. — Loi de l'équilibre métallique : Quand l'équilibre entre la quantité d'espèces métalliques d'un pays et les besoins de l'échange est détruit, il tend à se rétablir. — La tendance est énergique.

En France, comme dans tout pays civilisé, une certaine quantité de monnaie métallique est nécessaire aux besoins de la circulation. Si cette quantité est dépassée, le numéraire est abondant; si elle n'est pas atteinte, le numéraire est rare.

Je suppose que le numéraire devienne abondant dans un pays : cette abondance a pour premier effet d'augmenter les échanges; l'accroissement des échanges devenant de plus en plus notoire, les détenteurs de produits élèvent de plus en plus leurs prétentions; les acquéreurs, qui disposent d'une plus grande quantité d'argent, achètent malgré l'élévation, et c'est ainsi que l'abondance du numéraire tend à élever les prix.

On conclurait de même que la rareté du numéraire tend à abaisser les prix.

Donc, *les variations de la quantité de numéraire d'un pays tendent à produire des variations inverses dans le prix des choses.*

Le prix des choses s'élevant par l'abondance du numéraire, une tendance se manifeste bientôt dans le commerce ; les négociants demandent à l'étranger les produits qui leur coûtent trop cher en France. Ces demandes provoquent l'exportation du numéraire en échange des produits qu'il sert à acheter.

Simultanément, l'élévation du prix des choses sur le marché français y attire le commerce étranger. Ce commerce tend à augmenter ses importations, et enlève à la France, en échange des produits importés, une certaine quantité de numéraire.

Ainsi, l'abondance du numéraire en France développe simultanément, dans le commerce français et étranger, deux forces qui tendent l'une et l'autre à faire exporter le numéraire.

Quand le numéraire est rare, des effets identiquement inverses se manifestent ; la rareté du numéraire développe de même deux forces qui tendent à faire importer du numéraire.

Ainsi, *l'abondance comme la rareté du numéraire créent, dans le commerce des produits, des forces qui tendent à en ramener la quantité à cet état d'équilibre où elle est en harmonie parfaite avec les besoins de la circulation.*

Les effets de cette loi d'équilibre seraient lents à se produire, s'ils n'étaient accélérés par le commerce des métaux
précieux :

L'or et l'argent remplissent une double fonction; ils servent à faire de la monnaie, ils servent aux usages industriels.
Quand la monnaie d'or est rare, l'or monnaie fait une légère
prime sur l'or de l'industrie; on fond les objets d'or en lingots
et on les vend à la Monnaie, qui transforme les lingots en
écus. Au contraire, quand la monnaie d'or est abondante, l'or
de l'industrie fait prime sur l'or monnaie; on fond la monnaie
en lingots et ces lingots sont vendus à l'industrie.

Des effets analogues se produisent de pays à pays : quand
la monnaie est rare dans un pays, elle fait prime sur celle
des pays où elle est plus abondante.

Ainsi, je suppose que l'or soit plus rare en Angleterre
qu'en France. Le souverain anglais équivalant exactement
à 25 fr. 20 c. en monnaie d'or de France, quand le pair
existe entre les deux monnaies, la livre sterling vaut 25 fr.
20 c. L'or étant rare à Londres, le change de Londres à
Paris sera, par exemple, de 26 fr., c'est-à-dire qu'une livre
sterling vaudra à Londres 26 fr. Dans ces circonstances, on
se procure à Paris pour 25 fr. 20 c. une quantité d'or en
monnaie ou en lingots que l'Angleterre paiera 26, et cet or
est expédié de Paris à Londres. « Les métaux précieux, a
» dit J.-B. Say (¹), ne vont jamais d'un pays dans l'autre pour
» acquitter de prétendus soldes, mais pour chercher le

(¹) *Traité d'Économie politique*, liv. I, chap. XVII.

» marché où ils se vendent le plus cher. » Une importation
immédiate d'or aura donc lieu en Angleterre, et cette
importation aura un double effet : elle diminuera immédiatement la rareté de la monnaie d'or dans ce pays ; elle
stimulera les exportations de l'Angleterre vers la France, car
l'Angleterre préfèrera payer l'or qu'elle a acheté, plutôt avec
des produits qu'elle a en abondance, que par une restitution
d'or.

Ces effets sont nécessaires ; ils dérivent d'une loi : « Quand
la quantité d'or et d'argent importée dans un pays, dit Adam
Smith (¹), en envisageant l'hypothèse inverse, excède la
demande effective, toute la vigilance du gouvernement ne
saurait en empêcher l'expédition. Toutes les lois sanguinaires
de l'Espagne et du Portugal sont impuissantes pour retenir
dans ces pays leur or et leur argent... Quand les Spartiates
eurent gagné de quoi acheter de ces métaux, l'or et l'argent
surent bien se faire jour à travers toutes les barrières que les
lois de Lycurgue opposaient à leur entrée dans Lacédémone. »

Le commerce des métaux précieux rend donc, dans les
conditions actuelles de la circulation, de grands services.
Sans ce commerce, les forces qui tendent à rétablir l'équilibre
rompu dans la circulation métallique d'un pays n'agiraient que
lentement. Il faut, en effet, un certain temps pour modifier
le régime habituel des transactions à l'extérieur ; si le commerce des produits doit seul rétablir l'équilibre métallique,
les commerçants, quelque intéressés qu'ils soient à profiter

(¹) *Richesse des nations*, liv. IV.

des circonstances, seront lents à créer les relations nouvelles, à opérer le surcroît de transactions nécessaire à ce rétablissement. Pendant ce temps, les causes qui ont détruit l'équilibre métallique pourront continuer à agir, et de la sorte l'écart augmentant de plus en plus, amènerait une crise monétaire d'une grande violence.

Au contraire, dès que l'équilibre est rompu dans la circulation d'un pays, dès que le premier écart se manifeste, le commerce des métaux précieux intervient, et sa tendance est de ramener dans ce pays, en un temps aussi court que possible, la quantité de monnaie qui lui est nécessaire, sauf à laisser à l'échange ultérieur de produits, qu'il stimule, le soin de solder ses opérations.

Ainsi, *le commerce des métaux précieux accélère la tendance du commerce des produits à rétablir l'équilibre métallique.*

Par cela même, le prix des métaux précieux tendant toujours à s'équilibrer d'une capitale à l'autre, d'un marché à l'autre, les écarts des prix de la monnaie métallique tendent à se renfermer en certaines limites.

Je confonds ici les variations de prix des métaux précieux avec celles de la monnaie métallique. L'or lingot et l'or monnaie ont toujours, en effet, au droit de monnayage près, la même valeur. « L'or lingot a constamment eu une valeur » à peu près égale à celle de l'or monnaie, » a dit Ricardo (¹), et il écrivait ces lignes à une époque où la loi anglaise défendait l'exportation du numéraire.

(¹) Ricardo. — *OEuvres diverses.* — Le haut prix des lingots.

Les effets du commerce des métaux précieux exigent eux
mêmes un certain temps pour se manifester, et la durée de ce
temps dépend de la situation des divers marchés de l'Europe.

Ainsi, si la France se trouve accidentellement inondée
d'or, tandis que les autres pays restent dans leur état normal,
les exportations d'or s'effectueront assez promptement, parce
que les commerçants français auront intérêt à vendre à
l'étranger l'or qu'ils achèteront à bas prix en France.

Si, au contraire, l'inondation d'or est générale, comme en
Europe à l'époque de la découverte de l'Amérique, comme
de nos jours par les découvertes d'or de l'Australie et de la
Californie, le prix de l'or baisse sur tous les marchés à la fois.
Ces marchés restent tous dans la même situation relative; ce
n'est plus l'exportation de numéraire qui peut rétablir l'équilibre, c'est la dépréciation définitive du métal, ou, si l'on veut,
l'élévation du prix de toutes choses par rapport à ce métal.

Telles sont donc les tendances qu'une rupture dans l'équilibre de la circulation métallique d'un pays développe :

Tendance à la variation des prix des choses, l'abondance
du numéraire devant produire la hausse des produits, la
rareté devant produire la baisse;

Tendance dans le commerce du pays et dans le commerce
de l'étranger à modifier la balance commerciale dans le sens
favorable au rétablissement de l'équilibre métallique;

Tendance dans le commerce des métaux précieux opérant
dans les divers pays, à accélérer, par son influence directe
et immédiate, l'action du commerce des produits.

Ces tendances se manifestent simultanément dès la rupture de l'équilibre; chacune agissant, modifie à chaque instant les conditions de la circulation; à leur tour, ces conditions se transformant successivement, les trois tendances précédentes se modifient en conséquence. Quelle est la résultante de ces actions diverses, simultanées et à chaque instant modifiées? Elle dépend des circonstances. Selon la situation des changes sur les divers marchés de l'Europe, selon les conditions générales du commerce, selon les changements plus ou moins rapides qui peuvent se produire dans l'état de la circulation métallique, l'un de ces effets l'emporte sur les autres.

Il est certain que, dans tous les cas, chacune des trois tendances produit, avec plus ou moins d'intensité, un effet déterminé.

Ainsi, quand l'équilibre de la circulation métallique est rompu, il y a à la fois variation du prix des choses et variation de la balance commerciale sous la double action du commerce des produits et du commerce des métaux précieux.

Telle est la loi générale qui préside aux grandes oscillations de la circulation métallique, telle est la loi de l'équilibre métallique. Toute cause qui dérange la quantité de numéraire de cette position harmonique où elle satisfait d'une manière complète les besoins de la circulation, crée des forces qui tendent à l'y ramener. — Tel un pendule qu'une cause extérieure écarte de sa position d'équilibre, la verticalité; cette déviation donne naissance à une composante horizontale de la pesanteur, qui tend à faire revenir ce pendule à sa position primitive. — La même loi tend de même à établir un équi-

libre permanent entre les quantités de monnaie affectées
dans les divers pays à la circulation.

J.-B. Say a dit ([1]) : « S'il y a pour 2 milliards de numéraire
en France, et qu'un événement quelconque réduise cette
quantité de francs à 1,500 millions, les 1,500 millions vau-
dront tout autant que les 2 milliards pouvaient valoir. » L'il-
lustre économiste, en parlant ainsi, se borne à comparer
entre eux deux états d'équilibre définitif. Mais pour analyser
d'une manière complète le phénomène de la diminution
dans la quantité totale du numéraire, il faut nécessairement
tenir compte, ainsi que j'ai essayé de le faire dans l'analyse
précédente, de la période de transition du premier état d'é-
quilibre vers le second.

Il importe de remarquer que la quantité totale d'espèces
métalliques existant dans la circulation n'étant que de 3 milliards et demi, quelques centaines de millions en plus ou en
moins dans la circulation produiront des tendances vers l'é-
quilibre ayant une grande énergie.

XI. — **Loi de l'équilibre monétaire. Quand l'équilibre entre la quantité de monnaie totale d'un pays et les besoins de l'échange est détruit, il tend à se rétablir. — La tendance est faible.**

J'ai indiqué les effets généraux des variations qui se produisent dans la quantité de la monnaie métallique; je vais

([1]) *Traité d'Économie politique*, liv. I, chap. XVII.

rechercher de même les effets des variations dans la quantité de monnaie totale.

La monnaie métallique ne représente qu'une très faible partie de la totalité des instruments d'échange. Tout capital, en effet, est, plus ou moins, un instrument d'échange; il faut donc, pour étudier le phénomène de la circulation dans son ensemble, l'observer dans ses rapports avec le capital total de la France.

La quantité totale de capitaux de toutes sortes, fiduciaires et matériels, que possède la France, sans pouvoir être évaluée exactement, se compose de plusieurs dizaines de milliards. Ainsi, le numéraire s'élève à 3 milliards 1/2 environ; les billets de banque à 800 millions; les titres de rentes sur l'État à 8 milliards environ; les titres de chemin de fer de même à 8 milliards; les contrats hypothécaires, fraction de la propriété foncière, à 10 milliards, etc., etc.

Chacune de ces natures de capitaux possède l'aptitude à l'échange à divers degrés :

La monnaie métallique est l'instrument d'échange par excellence;

Les billets de banque, sous le régime du cours légal, sont aussi des instruments d'échange très parfaits. Ils ne peuvent, il est vrai, exception faite des marchés de quelques capitales, servir aux échanges du commerce extérieur; mais, d'un autre côté, ils possèdent des avantages qui, pour certains échanges à l'intérieur, les font préférer à la monnaie métallique.

Les bons du trésor, titres de rentes, titres divers de valeurs industrielles, sont, à degrés moindres, des instruments d'échange.

Les effets de commerce sont aussi, dans la région restreinte des affaires, des instruments d'échange.

Les industries, les immeubles, la terre, les produits, sont, à divers degrés de l'échelle descendante, des instruments d'échange.

On conçoit ainsi que, depuis la monnaie, qui possède par excellence la propriété de l'échange, jusqu'aux produits d'usage restreint et exceptionnel, qui la possèdent à un degré très faible, toutes les natures de capitaux puissent être classées selon une progression décroissante. Le rang occupé par chacune d'elles dans cette classification serait la mesure de son aptitude à l'échange, de son emploi comme instrument d'échange, serait, pour ainsi dire, son *coefficient d'échange*.

En vertu de cette diversité, l'échange est plus affecté lorsque la quantité de *monnaie* augmente ou diminue que lorsque la quantité de *titres,* par exemple, augmente ou diminue d'une somme égale; car 1,000 fr. en monnaie servent plus à faire des échanges que 1,000 fr. en titres, dans un temps donné. Ainsi, lorsque la quantité de monnaie diminue d'un milliard, l'échange se ressent davantage de cette diminution que lorsque la quantité de titres diminue de la même somme.

De même, lorsque le capital *titres* varie, l'échange en est plus affecté que lorsque le capital *produits* varie d'une quantité égale, et ainsi de suite.

Mais si au lieu de comparer la quantité *totale* de capitaux monnaie avec une quantité *égale* de capitaux divers on la compare avec la quantité *totale* de capitaux divers, les conséquences changent :

Le montant total des échanges opérés dans un pays se décompose en deux parties : une faible partie, opérée par l'échange de *capitaux divers* contre de la *monnaie;* une majeure partie, opérée par l'échange de *capitaux divers* contre des *capitaux divers*. Il en résulte que la totalité des capitaux divers sert beaucoup plus comme instrument d'échange que la totalité du capital monnaie. Ainsi, par exemple, les effets de commerce, à eux seuls, opèrent un montant total d'échanges quatre fois supérieur au montant opéré par la monnaie.

La quantité totale de monnaie existant dans la circulation n'étant qu'une minime partie de la totalité des instruments d'échange, quelques centaines de millions en plus ou en moins dans la circulation monétaire produiront des tendances vers l'équilibre ayant peu d'énergie.

J'ai dit qu'une variation dans la quantité de monnaie métallique d'un pays exerce avec énergie diverses actions qui tendent à ramener cette quantité à sa valeur primitive; je dis ici, qu'une variation dans la quantité totale de monnaie exerce une faible action sur l'échange : une explication est nécessaire pour éclairer ces conclusions :

La monnaie métallique a deux vertus : non-seulement elle

est un instrument d'échange parfait, mais encore elle possède
seule la propriété de servir à certaines natures d'échange;
ainsi, la monnaie métallique peut seule servir aux échanges
extérieurs dans les cas d'excès d'importation; la monnaie
métallique est de même nécessaire, à l'intérieur, pour les
soldes journalières d'ouvriers, pour les petits échanges,
etc... Au contraire, la monnaie billets de banque, tout en
étant un instrument d'échange parfait, peut être remplacée
dans une très grande quantité d'échanges, par des effets de
commerce, par des titres d'effets publics ou de valeurs
industrielles, etc., etc.

Il faut donc considérer la monnaie métallique comme
instrument d'échange auquel nul autre instrument ne saurait
être substitué, et la monnaie billets de banque comme instrument d'échange pouvant être remplacé par d'autres instruments d'échange.

D'ailleurs, une certaine quantité de monnaie métallique
est employée indistinctement aux mêmes usages que la
monnaie billets de banque. Pour ces usages, les deux monnaies se confondent.

Cela posé, je suppose que la circulation totale de la France
étant de 3 milliards 1/2, la quantité de monnaie métallique
nécessaire soit de 1,500 millions. Le reste, 2,000 millions,
pourra se composer de monnaie billets de banque.

Si, dans cette situation, on enlève à la circulation 500
millions en espèces métalliques, deux effets seront produits :

On diminuera la quantité totale des instruments d'échange
de 500 millions. Cette quantité étant de plusieurs dizaines
de milliards, cette diminution sera, pour ainsi dire, insensible.

On diminuera du tiers la quantité de cette catégorie spéciale d'instrument d'échange, la monnaie métallique, qui ne
saurait être remplacée par aucune autre. La rareté de la
chose se manifestant, le prix s'élève, et cette élévation a
les conséquences que j'ai analysées.

Cette distinction explique toute la différence qui existe
entre la disparition de 500 millions en monnaie métallique
et celle de 500 millions en billets de banque, dans la circulation monétaire de la France.

Quoique l'influence que produit sur l'échange une variation dans la quantité totale de monnaie soit faible, il convient
d'en définir la nature, de même que j'ai cherché plus haut
l'influence que produit sur l'échange une variation dans la
quantité totale de monnaie métallique.

Quand un homme manque d'instruments d'échange, il
s'en procure par le travail qu'il accomplit sous l'aiguillon du
besoin.

Quand une nation manque d'instruments d'échange, elle
agit de même. Le besoin stimule le travail, la production
augmente ; par suite, les échanges destinés à la production
se multiplient à l'intérieur, de même que les transactions à
l'extérieur.

Ainsi, la rareté des instruments d'échange développe, dans
le commerce, une tendance à l'accroissement de certains
échanges à l'intérieur et des transactions à l'extérieur.

Elle développe simultanément une tendance à la diminution du prix des choses. Si l'on doit opérer aujourd'hui avec

quatre-vingt-dix instruments d'échange les échanges que l'on opérait hier avec cent, chaque instrument augmente de valeur et le prix des choses diminue.

Si j'avais raisonné dans l'hypothèse de l'abondance des instruments d'échange, les conclusions eussent été inverses.

Ainsi, une variation dans la quantité totale de monnaie détermine les tendances suivantes :

Tendance à la variation du prix des choses, l'abondance de la monnaie devant produire la hausse des produits, la rareté devant produire la baisse;

Tendance à la variation de la production, l'abondance de la monnaie devant produire le ralentissement, la rareté devant produire l'activité de la production.

Mais comme je l'ai déjà dit, l'influence de la variation dans la quantité totale de monnaie est faible dans son action; les tendances qu'elle développe ont par suite des effets peu sensibles.

Une observation est ici nécessaire :

La *puissance totale* des instruments d'échange dont un pays dispose se mesure, non-seulement à leur *nombre* total, mais à la *valeur* de chacun d'eux; elle se mesure aussi à la *fréquence* de leur usage : un écu qui passe dans dix mains est un instrument d'échange aussi puissant que dix écus passant chacun en une main. La *mesure* de cette puissance totale est donc la *somme* de tous les produits obtenus en multipliant la *valeur* de chaque instrument d'échange par la *fréquence* de son usage. Chacun de ces produits peut s'appeler la *quantité de circulation* de l'instrument, et leur somme

**184**

peut s'appeler la *quantité de circulation totale des instruments d'échange du pays.*

Ce n'est pas une vaine définition que je donne ici. Dans toute étude sur les instruments d'échange, il faut nécessairement, pour raisonner avec exactitude, considérer leur *quantité de circulation,* car cette expression contient en elle les deux éléments *valeur* et *fréquence d'usage,* dont il faut toujours tenir compte. Par la même raison, il faut aussi considérer la *quantité de circulation totale,* qui contient en elle les deux éléments : *nombre total d'instruments, quantité de circulation de chaque instrument.*

Ainsi, pour parler un langage précis, c'est cette quantité de circulation totale des instruments d'échange qui doit toujours être en harmonie parfaite avec les besoins des échanges.

Les tendances précédentes, développées par la rareté des instruments d'échange, ont pour résultat définitif d'accroître la *quantité de circulation totale* de ces instruments d'échange :
Ainsi, quand les échanges se multiplient à l'intérieur, les instruments d'échange circulent davantage; la *fréquence* de leur usage augmente; donc, la quantité de circulation totale augmente.

Quand, dans le commerce extérieur, les importations augmentent, l'importation d'espèces métalliques augmente; le *nombre* d'instruments d'échange augmente; donc, la quantité de circulation totale augmente.

Enfin, quand le prix des choses s'élève, la *valeur* de

chaque instrument d'échange augmente ; donc, la quantité de circulation totale augmente.

De même, pour parler un langage rigoureux, je dirai, conformément à une conclusion précédente, que « la quantité totale de monnaie existant dans la circulation, constituant une *quantité de circulation totale* minime par rapport à la quantité de circulation totale de tous les instruments d'échange du pays, quelques centaines de millions en plus ou en moins dans la circulation monétaire produiront des tendances vers l'équilibre ayant peu d'énergie. »

XII. — **Effets nuisibles de la loi de l'équilibre métallique. — Comme l'action de la loi, ces effets nuisibles sont énergiques.**

La loi de l'équilibre métallique ne s'accomplit pas sans exercer une influence nuisible sur les sources de la richesse.

Si l'équilibre est rompu, j'ai dit que trois effets se produisent simultanément. Je vais les étudier dans leurs rapports avec la fortune publique et privée.

La variation de la quantité de numéraire n'aurait aucune importance si chacune des innombrables parties dont se compose le capital de la France variait dans le même rapport. Qu'importerait au pays que, du jour au lendemain, toutes les valeurs diminuassent de moitié, par exemple? Mais il n'en est pas ainsi; la variation des prix ne s'étend pas uniformément à toutes les valeurs; cette variation parcourt, selon la nature des valeurs, tous les degrés d'une échelle descendante, depuis la simple proportionnalité jusqu'au degré nul, correspondant à la constance. Ainsi, les prix de toutes choses varient d'une manière inégale.

La variation de la quantité de numéraire a donc pour effet résultant, non-seulement de faire varier la valeur de l'unité monétaire, la valeur du franc, mais encore de modifier les rapports de valeur qui existent entre l'étalon monétaire et tous les éléments de la richesse privée et publique.

Il arrive donc que le capital numéraire, minime relativement à la masse totale des autres capitaux, dirige la valeur du franc; il dirige aussi les destinées d'un capital total de plusieurs dizaines de milliards.

Ainsi, une différence de 500 millions dans la quantité totale du numéraire peut accroître ou diminuer la valeur totale absolue du capital de la France de plusieurs milliards.

Si la variation du prix des choses modifie d'une manière si puissante le capital de la France, elle porte aussi une grande perturbation dans les fortunes individuelles.

Un propriétaire a acheté, je suppose, une maison au prix de 100,000 fr., à une époque où l'équilibre existait dans la circulation monétaire: c'était par conséquent (abstraction faite de toutes les considérations étrangères à mon sujet qui peuvent agir sur les prix) un prix normal.

Quelque temps après, la valeur de l'argent, sous l'influence d'une abondance momentanée de numéraire, baisse par exemple de 15 0/0 en moyenne, et la valeur des immeubles, sous l'influence de cette baisse moyenne, hausse de 25 0/0. Le propriétaire, en vendant sa maison au prix de

125,000 fr. correspondant au prix d'achat, réalise donc un bénéfice de 10,000 fr. en valeur nouvelle de l'argent.

Si la hausse des immeubles, au lieu d'être supérieure à 15 0/0 lui est inférieure, le propriétaire, au lieu de réaliser un bénéfice, éprouve une perte.

Que le propriétaire augmente ou diminue son capital, le résultat est injuste et nuisible :

La possession de tout capital doit être, pour être juste, sauf le cas où elle résulte d'un don volontaire, la rémunération de services rendus à la société. Le travail seul, en effet, crée le capital. A tout moment le capital réel de la société est le produit de tous les travaux accomplis. Si donc une maison est vendue à un prix supérieur de 10,000 fr. à son prix réel, cet accroissement du capital de la société n'ayant pas le travail pour cause, n'est que fictif : il ne peut subsister; tôt ou tard, la maison reprendra son prix réel; pour le reprendre, elle aura dû laisser dans les diverses mains qui l'ont possédée, des pertes dont le total sera égal à la plus value de 10,000 fr., plus value imméritée, que la situation momentanée du marché avait permis au propriétaire primitif d'imposer à la société.

Comme l'argent représente ou doit être considéré comme représentant les épargnes du travail, les propriétaires successifs de la maison auront, en définitive, donné, sous la pression des circonstances, au propriétaire primitif, une somme de 10,000 fr. de leurs épargnes.

Ainsi, un bénéfice injuste cause toujours des pertes injustes équivalentes.

Comme le phénomène de la variation du prix des choses sous l'influence d'une variation de la quantité de monnaie métallique s'étend avec plus ou moins d'intensité à la presque totalité des valeurs, la presque totalité des échanges, pendant ces périodes de variations, en est affectée. Dans chacun d'eux il y a, d'un côté bénéfice injuste, de l'autre perte injuste. Comme on est loin alors du principe de Ricardo, qui, prenant ce qui devrait être pour ce qui est, a dit que les prix des choses sont déterminés par leurs frais de production !

L'effet des variations du prix des choses est donc de faire injustement passer les épargnes du travail en des mains étrangères.

La variation de la quantité de numéraire, en réagissant sur le commerce, produit des résultats analogues.

Je me place, en premier lieu, au point de vue du commerce extérieur.

Le capital dont le commerce est détenteur dans la période qui précède la rupture de l'équilibre, a été acquis au prix normal des choses. Il représente des épargnes du travail, calculées sur le taux normal de l'argent.

L'équilibre monétaire est rompu ; le numéraire devient abondant, par exemple. L'argent baisse, les importations augmentent, et la France paie les produits importés à des prix plus élevés que les prix normaux.

Les épargnes d'un certain travail sont donc employées à payer un travail moindre.

Mais, dira-t-on, il y a compensation : le commerce étranger, à son tour, se trouvera tôt ou tard ultérieurement, vis-à-vis de la France, dans une situation analogue, lui donnant avec excès les épargnes de son travail. C'est incontestable ; mais il ne faut pas oublier que les commerçants victimes de pertes dans un cas, ne sont pas les commerçants favorisés de bénéfices dans l'autre.

En se plaçant au point de vue du commerce intérieur, on arriverait à des conclusions analogues pour les transactions de province à province, de ville à ville.

Enfin, le commerce des métaux précieux fait éprouver au pays entier des vicissitudes analogues :

Quand le numéraire est abondant en France, on l'exporte, et cette opération donne un bénéfice au pays. Quel est le caractère de ce bénéfice? est-il la rémunération d'un travail utile? Non. Lorsque la France vend une somme en espèces de 25 fr. 20 c. pour 26 fr. à l'Angleterre, ces 25 fr. 20 c. ne lui ont coûté que 25 fr. 20 c. de travail. Le bénéfice qu'elle réalise est donc un bénéfice de pure spéculation. Elle rend, il est vrai, à l'Angleterre le service de l'approvisionner d'or ; mais si l'Angleterre n'eût pas elle-même rendu en d'autres temps de tels services à d'autres pays, si elle eût su conserver la quantité d'or nécessaire à ses échanges, elle n'eût pas eu besoin que l'on vînt ainsi à son aide.

De même, lorsque l'Angleterre vend à la France pour 25 fr. 20 c. ce qui lui coûte 24 fr. 50 c., par exemple, la France fait un mauvais marché.

Et, je le répète, les bénéfices d'une époque ne compensent pas les pertes d'une autre époque. En premier lieu, la compensation en masse n'est pas complète : qu'il y ait importation ou exportation de numéraire, les commerçants en métaux précieux doivent faire des bénéfices ; donc, les bénéfices des

opérations de change ne sont pas intégralement acquis aux
détenteurs de numéraire ; au contraire, les pertes que ces
opérations leur font subir sont accrues de toute la quantité
qui constitue les bénéfices du commerce des métaux précieux.

En outre, le numéraire passant d'un détenteur à l'autre
avec une mobilité extrême, les détenteurs qui bénéficient
par l'abondance du numéraire ne sont pas les détenteurs qui
perdent par sa rareté.

Il faut d'ailleurs remarquer que, le plus souvent, les crises
monétaires, d'ordinaire dues à la rareté du numéraire, se
produisent à la suite de crises commerciales, tandis que l'a-
bondance du numéraire est souvent la conséquence de l'activité des affaires. Il est donc anormal que le pays se dépouille
de son numéraire en temps d'abondance, en vue de réaliser
des bénéfices venant en addition des bénéfices du commerce,
puisqu'il est obligé, quand le numéraire devient rare, de
le racheter à prix onéreux au moment où le commerce
souffre.

Il importe de remarquer que l'action de la loi de l'équilibre
métallique étant énergique, les effets nuisibles que je viens
de définir se produisent avec énergie.

XIII. — **Effets nuisibles de la loi de l'équilibre monétaire. — Comme
l'action de la loi, ces effets nuisibles sont faibles.**

Les tendances développées par la loi de l'équilibre monétaire étant analogues à celles développées par la loi de

l'équilibre métallique, elles produisent des effets nuisibles analogues.

Il importe de remarquer, de même, que l'action de la loi de l'équilibre monétaire étant faible, les effets nuisibles dus à cette action sont faibles comme elle.

### XIV. — Le cours légal donnera à la Banque le pouvoir de suspendre l'action de la loi de l'équilibre métallique.

L'expansion dans le monde de quantités nouvelles de métaux précieux produit leur dépréciation définitive; nulle force ne pourrait arrêter le cours de ces grandes variations, qui, d'ailleurs, se produisent à de rares époques : les années, les siècles s'écoulent quelquefois sans modifier d'une manière sensible le régime monétaire des diverses nations du globe.

Mais si les calculs humains ne peuvent opposer le moindre obstacle à cette dépréciation définitive, ils ont, au contraire, le pouvoir de soustraire la valeur des métaux précieux aux oscillations irrégulières qu'elle éprouve en plus et en moins sous l'influence de causes accidentelles; ils peuvent parvenir à régulariser dans une certaine mesure la valeur du numéraire.

L'institution du cours légal doit produire cette régularisation.

Je suppose que le cours légal ait fait entrer à la Banque, à un moment donné, un milliard en espèces métalliques, en addition de son encaisse actuel.

Je suppose, en outre, que, dans la circulation, le billet de banque soit au pair de la monnaie métallique.

Quelque temps après, une tendance à la dépréciation du billet de banque se manifeste.

J'écarte l'hypothèse où cette dépréciation serait la conséquence d'une atteinte à la confiance publique : je me place au seul point de vue monétaire.

Que signifie cette dépréciation ? Elle exprime que la monnaie métallique est rare par rapport au billet de banque. Donc, en admettant qu'il n'y ait pas eu excès d'émission de billets, cette rareté provient d'une exportation de numéraire.

Dans cet état de choses, la Banque peut-elle rétablir le pair du billet et de la monnaie métallique, en déversant dans la circulation une certaine quantité de monnaie métallique ?

Pour résoudre cette question, je vais faire des hypothèses sur les quantités :

Je suppose qu'avant l'exportation du numéraire, l'équilibre entre la circulation monétaire et les échanges existant, cette circulation se composât de 4,300 millions décomposés comme suit :

| | |
|---|---|
| Monnaie métallique . . . . . . . . . . . . | 2,500 millions. |
| Monnaie billets de banque . . . . . . . . | 1,800 — |
| | 4,300 millions. |

Le pair du métal avec le billet existait par ce rapport de 25/18 réglant leurs quantités respectives.

Une exportation de 300 millions en espèces métalliques

survient, nécessitée, par exemple, par des achats de grains à l'étranger.

La circulation se réduit aussitôt à 4,000 millions, décomposés comme suit :

| | |
|---|---|
| Monnaie métallique | 2,200 millions. |
| Monnaie billets de banque | 1,800 — |
| | 4,000 millions. |

Rapport nouveau 22/18, produisant la dépréciation du billet.

Dans ces conditions, je suppose que la Banque déverse dans la circulation 300 millions en espèces métalliques, en échange de 300 millions de billets qu'elle en retire. La circulation totale, toujours réduite à 4,000 millions, se décomposera comme suit :

| | |
|---|---|
| Monnaie métallique | 2,500 millions. |
| Monnaie billets de banque | 1,500 — |
| | 4,000 millions. |

Rapport nouveau 25/15, supérieur au rapport normal 25/18 qui produit le pair du billet avec le métal. Donc, dans ce nouvel état de la circulation, le billet fait prime sur le métal.

On reconnaît ainsi, que, si l'exportation du numéraire produit la dépréciation du billet de banque, la Banque rétablira le pair du billet avec la monnaie métallique, en déversant dans la circulation une quantité de monnaie métallique inférieure à la quantité exportée, puisque si elle en déversait une quantité égale, le billet, dépassant le pair, ferait prime sur le métal. La quantité exportée doit être considérée comme

13

la limite supérieure de la quantité que la Banque doit déverser pour que cette exportation ne puisse déprécier le billet de banque.

De même que la Banque devrait déverser une partie de ses réserves métalliques dans la circulation quand la rareté du numéraire ferait accorder une prime au métal, de même elle nourrirait ses caves d'espèces métalliques quand l'abondance du numéraire ferait accorder une prime au billet de banque.

Si donc la Banque de France dispose de un milliard, elle peut soustraire le pays aux effets de la rareté de la monnaie métallique (je ne dis pas de la monnaie), tant que l'exportation du numéraire n'a pas atteint ce chiffre; la Banque accorde gratuitement à la circulation métallique du pays un jeu de un milliard.

Le rôle de la Banque est donc de conserver toujours à la circulation, à l'aide du jeu de un milliard dont elle dispose, la quantité d'espèces métalliques nécessaires aux échanges.

Comme, néanmoins, la Banque, en déversant des espèces dans la circulation, en retire une somme égale en billets de banque, il en résulte que, tandis que la quantité de monnaie métallique reste constante, la quantité de monnaie totale diminue de plus en plus; la rareté des instruments d'échange se manifestant dans le pays, la loi de l'équilibre monétaire exerce son empire.

Ainsi, la loi de l'équilibre monétaire agit dès que les exportations de numéraire commencent.

Au contraire, la Banque de France, en déversant des espèces métalliques dans la circulation, SUSPEND L'ACTION DE LA LOI DE L'ÉQUILIBRE MÉTALLIQUE.

Pour le faire ressortir, je vais montrer l'obstacle qu'elle oppose aux trois tendances développées par cette loi :

La tendance à la variation du prix des choses ne saurait se produire; la quantité d'espèces métalliques existant dans la circulation étant toujours à peu près la même, le métal conservera toujours à peu près la même valeur. Par la même raison, le commerce ne sera plus désormais affecté par les variations de la circulation métallique; la rareté des instruments d'échange, et non la rareté du numéraire, sera son seul stimulant. Par conséquent, le commerce ne provoquera plus les entrées ou sorties des espèces métalliques que sous l'action des besoins réels de la circulation monétaire.

Quant aux causes qui poussent le commerce des métaux précieux à exporter ou importer, elles ne seront pas nulles, mais elles seront beaucoup moins énergiques. La France, quelle que soit la puissance de son organisation monétaire, n'est pas maîtresse de diriger chez elle les mouvements de numéraire nécessités par les besoins des nations étrangères. La loi qui tend à équilibrer la valeur des métaux précieux sur les marchés des diverses capitales, l'enchaîne aux destinées de la circulation métallique des autres pays; mais, du moins, elle peut soustraire chez elle la valeur de l'argent à cette mobilité incessante si favorable aux spéculations du commerce extérieur des métaux précieux. Lorsque l'argent aura une valeur constante en France, le champ laissé libre aux opérations du change avec l'étranger sera devenu très restreint.

D'ailleurs, le concours de toutes les nations pourra seul lui assigner des limites plus restreintes encore. Ce résultat sera atteint lorsque tous les pays seront organisés en vue de rendre la valeur de l'argent aussi constante que possible; alors, en effet, l'équilibre monétaire étant à peu près atteint entre eux, les mouvements de numéraire de pays à pays deviendront très rares.

## XV. — La Banque pourra exercer ce pouvoir tant que ses réserves ne seront pas épuisées.

Dans les conditions nouvelles de la circulation monétaire, jamais, tant que la Banque exercera son rôle de régulateur, le numéraire ne sera abondant ou rare.

Par conséquent, les effets nuisibles dus à cette rareté ou à cette abondance, effets précédemment indiqués, n'auront pas lieu.

Cet état sera-t-il durable? La Banque pourra-t-elle toujours exercer le rôle que je définis? C'est ce qu'il importe d'examiner.

Quand le numéraire quitte un pays, j'ai déjà eu occasion de le dire, le plus souvent, le jeu naturel du commerce l'y ramène au bout d'un certain temps. Si des causes accidentelles rendent cette exportation définitive, la force des choses, la marche des événements, les conditions nouvelles faites au commerce par cette diminution dans la quantité de ses instruments d'échange, font naître tôt ou tard un courant en sens inverse. Par conséquent, si la Banque de France déverse 2 ou 300 millions en espèces métalliques dans la circulation, on peut prévoir que bientôt un courant inverse lui permettra de refaire son encaisse.

Il faudrait un concours de circonstances exceptionnelles pour qu'une importation de numéraire ne vînt pas en un prompt délai contrebalancer l'effet d'une exportation importante.

Le cas doit cependant être prévu : si une certaine partie du capital de la France va se fixer à l'étranger, émigrant sous forme d'espèces métalliques, ainsi que cela eut lieu, par exemple, pendant la Révolution de 93, que devra faire la Banque?

Tant qu'elle n'aura pas épuisé son milliard, tant qu'elle pourra déverser des espèces dans la circulation, l'action de la loi de l'équilibre métallique, ai-je dit, sera suspendue.

Or, à mesure que la Banque entamera son milliard, la rareté de la monnaie totale se fera plus sentir; la loi de l'équilibre monétaire agira donc avec plus d'énergie, et cette action luttera de plus en plus contre la diminution de la monnaie totale.

A partir du moment où la force des événements l'emportera sur la puissance des ressources de la Banque, la loi de l'équilibre métallique commencera à exercer son action parallèlement à la loi de l'équilibre monétaire, dont l'action déjà énergique continuera à croître; la Banque n'aura plus rien à faire au point de vue de la circulation; elle laissera le pays lutter, par une production plus active, contre la rareté de monnaie; elle devra suspendre momentanément son action régulatrice; la situation, au point de vue métallique, sera ce qu'elle est aujourd'hui, puisque, sous le régime actuel, cette action régulatrice n'existe pas; la Banque ne pourra reprendre son rôle de régulateur que lorsque le numéraire sera de nouveau assez abondant dans la circulation pour lui permettre de reconstituer ses réserves.

### XVI. — Source et alimentation des réserves de la Banque.

J'insiste sur les moyens naturels qui s'offriront à la Banque pour constituer ses réserves et pour les alimenter au fur et à mesure de leur écoulement dans la circulation :

L'institution du cours légal a pour premier effet, autant par l'extension naturelle de l'usage de la monnaie de banque que par l'émission des petites coupures qui doit favoriser cette extension, de faire affluer à la Banque toute la monnaie métallique, qui, dans la circulation, peut être remplacée par des billets de banque, quantité que j'ai supposé pouvoir être de 1 milliard.

Cette substitution est la source fondamentale des réserves de la Banque.

Il est à remarquer combien, sous ce rapport, la France se trouve dans une situation plus favorable que l'Angleterre : en France, la substitution s'effectuera sans effort, sans dommage pour le pays. En Angleterre, pays qui ne possède que la quantité de monnaie métallique strictement nécessaire, indispensable, la Banque ne pourrait se constituer une immense réserve métallique que si le pays acquerrait cette réserve au prix de son travail, au prix de ce que l'on a longtemps appelé une balance favorable de commerce.

Ces réserves étant acquises, elles ont un jeu dépendant de l'état de la circulation :

Quand une importation d'espèces produit l'abondance dans le nombre d'instruments d'échange, la Banque recueille l'excès de monnaie métallique pour le mettre en réserve et rend à la circulation une somme égale en billets. Rien n'est changé aux effets naturels que doit produire un excès d'instruments d'échange; mais la monnaie métallique est emmagasinée en prévision des temps de disette.

De même, quand une exportation de monnaie métallique diminue le nombre d'instruments d'échange, la Banque déverse dans la circulation le numéraire qu'elle conservait en approvisionnement, et en retire, en échange, une somme égale en billets. Rien n'est encore changé aux effets naturels que doit produire une pénurie d'instruments d'échange; mais le pays obtient, de la sorte, à titre gratuit, le numéraire que, en d'autres temps, il eût dû acquérir de l'étranger à titre onéreux.

Le rôle de la Banque, on le voit, n'est pas de modifier la quantité totale de monnaie de la France; cette quantité est toujours réglée par le commerce, par les besoins généraux du pays. La Banque intervient au seul point de vue de la quantité de monnaie métallique.

## XVII. — L'étendue des services que la Banque rendra à la circulation dépendra, en réalité, des ressources en espèces métalliques dont elle disposera.

J'ai raisonné dans l'hypothèse où il y aurait un milliard disponible à la Banque; sans rechercher jusqu'à quel point cette hypothèse sera vérifiée, il est certain que, par les raisons que j'ai exposées plus haut, la Banque disposera, sous le régime du cours légal, par la diffusion de ses billets dans la circulation, d'un capital considérable en espèces. L'étendue des services qu'elle rendra réellement à la circulation sera proportionnée à l'importance de ce capital disponible.

## XVIII. — Les services seront moindres quand la confiance en la Banque diminuera.

Je n'ai étudié la dépréciation du billet de banque, dans ce qui précède, qu'au seul point de vue monétaire, afin de mieux observer le phénomène dans ses rapports avec la circulation; mais la dépréciation peut être due à une cause différente, très énergique dans son action, à l'altération de la confiance publique.

J'ai montré que la confiance publique, à l'égard de la Banque de France, pouvait être assise sur des bases éminemment solides; elle ne saurait cependant être mise à l'abri des événements, des préventions injustes, des fausses alarmes. La confiance ne saurait s'imposer; elle est libre; elle se manifeste librement. La confiance publique, à l'égard de la Banque, se manifeste donc par l'accueil fait aux billets; quand cette confiance est altérée, le billet tend à être déprécié.

Il résulte de cette tendance que si la confiance est entière, la limite d'émission au-delà de laquelle la dépréciation du billet se manifeste est plus reculée que si la confiance est altérée. Ainsi, tandis que, en pleine confiance, la circulation devra se composer, par exemple, de quatre parties de métal et trois de billets, rapport 4/3, il faudra que ce rapport augmente proportionnellement à la diminution de confiance publique.

Dès que l'altération de la confiance publique produit la dépréciation du billet, la Banque doit suivre une ligne de conduite invariable : elle doit dépenser ses réserves en déversant aussitôt dans la circulation la quantité d'espèces métalliques nécessaire au rétablissement du pair entre le billet et le métal.

Qui sera victime de cette opération? En première ligne, le pays. Si le rapport de 4/3 entre les quantités d'espèces et de billets qui, je suppose, maintenait le pair de ces deux monnaies doit, par suite d'une altération de la confiance publique, être élevé à 4/5, à 5/5, à 10/5, les ressources dont la Banque pourra disposer en vue de venir en aide à la circulation seront diminuées en conséquence. Quant à la Banque elle-même, l'opération ne saurait l'atteindre d'une manière directe; que lui importe, en effet, que les espèces métalliques soient dans ses caves ou dans la circulation? Mais si elle n'est pas pure de tout reproche, si elle a commis des fautes, elle pourra être atteinte dans l'autorité morale, dans l'estime dont elle jouissait, dans sa puissance, dans son existence même.

Il importe donc aux intérêts de tous, que la Banque n'é-

coule pas ses réserves dans le seul but de consolider une
confiance ébranlée. Pour qu'elle remplisse sa mission avec
succès, pour que le pays recueille tous les bienfaits qu'il doit
attendre de cette institution, il faut que le numéraire dont la
Banque dispose soit essentiellement affecté aux besoins normaux de la circulation.

Quand le billet est déprécié, on doit toujours en conclure
qu'il y a un excès de billets dans la circulation.

Quand le pair du billet et du métal existe, on est certain
que le rapport harmonique de la quantité de billets à la quantité de numéraire est observé.

La Banque doit donc être sans cesse attentive aux moindres variations qui peuvent survenir dans le change du billet
avec le métal. Ce change est en tous temps le critérium infaillible des véritables besoins de la circulation monétaire;
la Banque doit lui obéir passivement; quelles que soient les
causes qui font déprécier le billet de banque, dès que cette
dépréciation se manifeste, la Banque doit suivre une règle
invariable : ELLE DOIT DÉVERSER DES ESPÈCES DANS LA CIRCULA-
TION, TANT QU'ELLE EN POSSÈDE, JUSQU'A CE QUE LE PAIR SOIT
RÉTABLI.

### XIX. — Hypothèse la plus défavorable.

Pour examiner la question sous toutes ses faces, je ferai
une dernière hypothèse, la plus défavorable.

J'ai dit que la Banque de France, nantie d'un milliard en

espèces, aura par cette possession un jeu de 1 milliard disponible pour maintenir le pair du billet de banque avec la monnaie métallique, et que si, par l'effet de causes de dépréciation successives, ce milliard est dépensé, la Banque, dans cette situation extrême, ne se trouvera pas, au point de vue métallique, dans une position autre que sa position actuelle.

J'ai dit aussi que ce milliard, dans l'hypothèse où la Banque en acquerrait la possession, n'entrerait dans ses caisses que progressivement, pendant une période de temps plus ou moins longue, selon que les circonstances seraient contraires ou favorables à cette introduction.

Je suppose que les causes qui obligeraient la Banque à dépenser un milliard en espèces pour lutter contre la dépréciation du billet surgissent longtemps avant qu'elle ait à sa disposition le milliard nécessaire; je suppose, par exemple, que le cours légal soit institué, et qu'aussitôt la dépréciation du billet de banque se manifeste: quelle ligne de conduite la Banque suivra-t-elle?

Au moment de l'institution du cours légal, la situation de la Banque est, par exemple, la suivante:

Émission de billets de banque........ 800 millions.
Encaisse métallique, minimum ....... 267 —

La Banque peut déverser des espèces dans la circulation jusqu'à la dernière parcelle de cette encaisse métallique, en vue d'arrêter la dépréciation du billet de banque.

Si elle atteint cette limite, sa situation deviendra la suivante:

Émission de billets de banque ....... 533 millions.
Encaisse..................... » —

Si l'émission ainsi réduite à 500 millions, le billet est encore déprécié, si le capital de 200 millions, le portefeuille, les titres déposés, sont considérés par le pays comme des garanties insuffisantes, ou bien ce résultat est dû à des causes politiques tellement graves que la dépréciation du billet de banque en un tel moment est le moindre des maux du pays, alors la Banque continue à rendre tous les services que les moyens dont elle dispose comportent; ou bien la Banque de France a évidemment perdu tout prestige, toute autorité, tout crédit; elle ne doit plus compter sur la confiance publique; dans ce cas, il faut la liquider et la reconstituer sur des bases nouvelles.

Cette dernière éventualité n'est pas à craindre; elle est même contraire aux principes économiques : la dépréciation des billets de banque a toujours été, comme je l'ai établi dans le chapitre précédent, l'effet nécessaire d'un excès d'émission, et au contraire, dans l'hypothèse dont je viens d'examiner les conséquences, l'émission devient de plus en plus restreinte.

Si donc la Banque de France s'impose cette loi absolue de persévérer dans un système de prudence devant lequel s'effacent toutes les considérations; si elle ne lance ses billets dans la circulation qu'à la condition expresse de recevoir en échange, soit des espèces métalliques, soit des valeurs réelles, sûres, à échéances limitées, elle pourra toujours maintenir le pair du billet avec le métal, et disposer, en outre, d'une ample provision d'espèces métalliques pour rendre à la circulation les services les plus utiles et les plus constants.

## XX. — Réflexion.

Tel est le fond des choses; telle est la marche nécessaire des faits, commandée par les lois économiques; telle est, si je puis m'exprimer ainsi, l'ossature de la question. Cette ossature, dissimulée par les organes accessoires indispensables à la vie de l'immense machine, ne doit jamais être perdue de vue par les hommes qui ont pour mission de diriger les destinées du crédit en France; elle doit sans cesse apparaître à leur esprit, dégagée du dédale de faits secondaires, comme une manifestation nécessaire des lois immuables de l'économie politique.

## CHAPITRE IX. — OBSERVATIONS DIVERSES

I. — Délivrance d'espèces métalliques par la Banque.

Les préoccupations de la Banque, ses embarras, ses mesures restrictives, l'impossibilité où elle se trouve de remplir son rôle de régulateur des crises, n'ont qu'une seule cause : l'encaisse est trop exposé.

Par ce motif, la Banque ne peut, sous le régime actuel, émettre des petites coupures.

Ces coupures, en effet, sont autant d'armes nouvelles qu'elle donnerait au pays pour attaquer l'encaisse : la Banque ne peut, de plein gré, augmenter les difficultés déjà sérieuses de sa situation.

Cette raison l'a empêchée jusqu'ici d'émettre les coupures de 50 fr. autorisées par l'art. 9 de la loi du 9 juin 1857, quels que soient, d'ailleurs, les avantages que ces coupures puissent offrir à la circulation.

L'émission des petites coupures, surtout de celles inférieures à 50 fr., n'est donc possible que si le cours légal est institué.

Sous le régime du cours légal, les petites coupures sont émises; en outre, le billet de banque étant monnaie légale,

devient plus usuel dans les échanges. Par cette double considération, l'émission des billets doit augmenter.

Aujourd'hui, 4,300 millions de monnaie, environ, sont
nécessaires à la France pour les besoins de la circulation,
et cette somme se décompose ainsi :

Monnaie métallique . . . . . . . . . . . . . . . . . 3,500 millions.
Monnaie billets de banque . . . . . . . . . . . . . 800 —
4,300 millions.

Dans ces conditions, la Banque (¹) possède une encaisse
moyenne d'environ 400 millions ; mais une part de 200 millions
au moins doit rester immobilisée dans ses caves pour servir
de garantie au remboursement des billets : elle dispose donc
au plus d'un jeu de **200 millions**, et c'est à l'aide de ce jeu
qu'elle doit satisfaire aux exigences d'une circulation métallique de **3,500 millions**.

Sous le régime du cours légal, la circulation, dans une
hypothèse précédemment faite d'un afflux d'un milliard à la
Banque, se décomposerait comme suit :

Monnaie métallique . . . . . . . . . . . . . . . . 2,500 millions.
Monnaie billets de banque . . . . . . . . . . . . 1,800 —
4,300 millions.

Dans ces conditions nouvelles, la Banque de France aurait
un jeu de $400 + 1,000 = 1,400$ millions, dont elle pourrait
disposer en entier pour répondre aux besoins d'une circulation de **2,500 millions**.

¹) Voir tableau B.

Cette différence mérite de fixer l'attention : les espèces
métalliques qui entrent à la Banque parce qu'elles sont
remplacées par des billets dans la circulation, augmentent doublement la puissance de l'établissement : d'une
part, la Banque dispose de ressources métalliques plus
importantes; d'autre part, la circulation métallique étant
moindre, la Banque a moins de besoins métalliques à
satisfaire.

Si, au lieu de supposer que le cours légal ait fait entrer
un milliard supplémentaire en espèces à la Banque, on réduit
cette somme à 500 millions, la circulation se composera,
dans cette nouvelle hypothèse, comme suit :

Monnaie métallique . . . . . . . . . . . . . . . . . .  3,000 millions.
Monnaie billets de banque . . . . . . . . . . . . .  1,300  —
                                             4,300 millions.

et la Banque disposera d'une somme métallique de 400 + 500
= **900 millions** pour satisfaire aux besoins d'une circulation
de **3,000 millions.**

En étudiant la loi suivant laquelle varient ces chiffres
lorsque l'hypothèse varie, on reconnaît que, au fur et à
mesure de la substitution des billets aux espèces, la puissance des moyens de la Banque, au point de vue des services
à rendre à la circulation métallique, augmente selon une
progression très rapide.

Les conditions que je viens de définir ont, au point de

vue pratique, une haute portée. En réalité, sous le régime
du cours légal, la Banque aura toujours du numéraire
disponible; quand on aura besoin d'argent, on ira lui en
demander, et elle en délivrera.

Mais, dira-t-on, s'il en est ainsi, il n'existe aucune différence entre le cours légal et le régime actuel :

Il faut remarquer que la Banque de France, tout en
donnant, dans la généralité des cas, les espèces métalliques
qui lui seront demandées, aura la faculté d'en refuser quand
elle le jugera nécessaire; son véritable devoir sera de maintenir le pair du billet avec le métal. Quand la circulation
sera saturée d'espèces métalliques, la Banque refusera, si
elle le juge opportun, de délivrer des quantités nouvelles
d'espèces, et ces refus momentanés ne pourront être assez
importants pour modifier sensiblement l'état de la circulation,
par suite pour faire déprécier le billet. Il est, d'ailleurs, utile
d'observer que de tels refus ne sauraient porter un préjudice
sérieux à ceux qui en seraient l'objet : puisque, par hypothèse, la circulation est saturée d'espèces métalliques, il
sera aisé de lui en emprunter pour obvier aux refus de la
Banque.

L'institution du cours légal accordant à la Banque le droit
de ne pas échanger le billet contre espèces, la seule existence de ce droit, qu'il soit ou non souvent appliqué,
exercera une grande influence sur les rapports de la Banque
avec le public :

Les pays étrangers ne viendront plus puiser dans un
réservoir qui souvent, il est vrai, sera ouvert, mais qui se
fermerait dès qu'il serait assailli de demandes excessives.

14

Comme, d'ailleurs, la récolte, en vue d'une exportation, des espèces métalliques dispersées dans la circulation serait trop onéreuse, l'institution du cours légal aura pour effet de préserver la Banque et le pays des crises monétaires de l'étranger.

De même, dans un moment de panique, les détenteurs de billets ne viendront pas à la Banque pour réclamer un remboursement non exigible et qui pourrait leur être refusé. Ils y viendront d'autant moins, que le billet, étant monnaie légale, au lieu d'être remboursable par la Banque, sera, à vrai dire, toujours remboursé par le public.

Ainsi, le seul droit conféré à la Banque par l'institution du cours légal, aura pour effet de restreindre les demandes d'espèces qui pourront être adressées à la Banque soit dans les moments de crises monétaires, soit dans les moments de panique.

Lorsque, en 1848, le cours forcé eut fait affluer dans les caves de la Banque des quantités considérables d'espèces métalliques, les faits se passèrent comme je viens de les définir. On ne songeait plus à réclamer à la Banque un remboursement qu'elle avait le droit de refuser et que le cours légal des billets dans les échanges rendait inutile ; la Banque n'avait plus à délivrer d'espèces métalliques que pour les véritables besoins de la circulation, et c'est ainsi, comme on l'a vu par une précédente citation (¹), qu'elle put s'abstenir le plus souvent de recourir au droit qui lui était conféré par la loi.

(¹) Voir page 121.

II. — Garanties offertes au public par le nouveau régime.

Si les banques de circulation conservaient en numéraire une somme égale au montant total de leur émission, elles présenteraient, au point de vue de leur solidité, les garanties les plus puissantes.

C'est ainsi que la Banque d'Amsterdam, de 1609, époque de sa fondation, à 1672, conserva avec un soin religieux tous les dépôts qui lui étaient confiés. Lorsque, à l'approche des armées de Louis XIV, les déposants effrayés voulurent rentrer en possession de leurs valeurs, la Banque fit simplement passer ces valeurs de ses coffres en leurs mains. Sa fidélité sortit victorieuse de cette épreuve, et son crédit devint immense.

Mais on reconnut, en créant les banques de circulation, que conserver en caisse une quantité d'espèces métalliques égale à l'émission, serait un excès de garantie inutile, et d'ailleurs tellement onéreux, que ces banques ne pourraient longtemps subsister. Prenant en considération les garanties offertes par le portefeuille et par le capital, on adopta empiriquement la règle de l'encaisse minimum, égal au 1/3 de l'émission.

Par l'institution du cours légal, la Banque présentera simultanément les avantages qu'offrent ces deux systèmes de banques :

Je prends, en effet, la situation de la Banque au 13 février
1862. Elle fournit les éléments suivants :

> Émission, 800 millions.
> Encaisse, 350 —

Le rapport de l'encaisse à l'émission est de 35/80 = 0,44.

Je suppose maintenant, comme je l'ai déjà fait, dans un
un autre chapitre, que la situation du 13 février 1862
reste la même, avec cette seule différence qu'un milliard
d'espèces ait afflué à la Banque en échange d'un milliard
en billets déversé dans la circulation. Dans cet état nouveau, la situation de la Banque offre les éléments suivants :

> Émission, 1,800 millions.
> Encaisse, 1,350 —

Le rapport de l'encaisse à l'émission est de 135/180 = 0,75.

Si donc le pays voit dans l'augmentation du rapport de
l'encaisse à l'émission, dans la présence d'une abondante
réserve métallique la meilleure garantie de la valeur des
billets de banque, l'institution du cours légal lui donnera
une entière satisfaction. Au point de vue des espèces métalliques, la Banque offrira presque les garanties qui résulteraient d'une encaisse constamment égale à l'émission ; elle
conservera en outre d'une manière intégrale, comme je l'ai
indiqué dans le chapitre précédent, les avantages qui résultent, dans la situation actuelle, de l'excès de l'émission sur
l'encaisse, excès réalisant une économie sur le prix de
revient de la monnaie nécessaire au pays.

### III. — De l'excès de l'émission.

A l'époque de la grande Révolution, le Gouvernement fabriquait des assignats, et payait les dettes de l'État avec cette monnaie. Ces paiements jetaient les assignats dans la circulation ; et comme les dépenses ainsi payées étaient supérieures aux recettes, la quantité d'assignats émise grossissait sans cesse. L'excès croissant de l'émission était donc inévitable.

La Banque n'émet pas ses billets dans les mêmes conditions ; elle ne les déverse dans la circulation qu'en échange d'un engagement souscrit par l'emprunteur de ces billets. La somme ainsi prêtée doit rentrer à la Banque à l'expiration de l'engagement.

Je suppose que la Banque ne délivre que des billets dans ses opérations d'avances et d'escomptes :

Si, aux échéances, les rentrées ont lieu en billets, ces billets disparaissent de la circulation ; ils y restent, au contraire, si les rentrées s'effectuent en espèces.

La quantité de billets qui peut ainsi être retenue dans la circulation est limitée naturellement par les besoins des échanges : la Banque voit ses billets refluer vers elle dès qu'ils sont émis avec excès ; en vertu de cet excès même, ses débiteurs lui apportent des billets au lieu d'espèces. Ainsi l'excédant des billets émis tend à rentrer à la Banque.

Si cependant les rentrées de billets qui s'opèrent ainsi sont moindres que les quantités nouvelles déversées chaque jour par la Banque dans la circulation, l'émission augmente d'une manière continue.

L'excès d'émission, dans l'hypothèse où je me suis placé, est donc possible.

Pour mieux préciser le phénomène, je vais étudier, en conservant la même hypothèse, les conditions dans lesquelles cet excès peut se produire :

Pour que la monnaie déversée par la Banque dans la circulation, lorsqu'elle opère des escomptes ou avances, réponde aux véritables besoins des échanges, il faut que les valeurs fiduciaires reçues en retour soient sûres ; il faut que le portefeuille ne contienne que le meilleur choix de papier de commerce, et que les titres déposés aient une valeur bien réelle.

S'il en est ainsi, en effet, la Banque est certaine d'avoir favorisé des échanges réguliers, par cela même utiles au pays. La monnaie qui a servi à ces échanges a donc été bien employée; elle manquait, elle est venue, elle remplit son office; cette monnaie n'est pas de trop : elle ne peut constituer un excès d'émission. D'ailleurs, elle disparaît quand sa mission est terminée.

Si, au contraire, la Banque accepte à l'escompte de mauvaises valeurs, ces valeurs, par leur caractère aléatoire, représentent des affaires douteuses destinées à produire plus de pertes que de bénéfices ; les échanges auxquels elles donnent lieu ne répondent pas à des besoins normaux ; la monnaie que la Banque prête à ces échanges vient donc s'ajouter à la monnaie totale servant aux échanges réguliers. Elle constitue par cela même un excès de monnaie qui peut se traduire par un excès de billets de banque.

D'ailleurs, la Banque s'expose à voir ces valeurs douteuses se transformer, à l'échéance, en effets en souffrance ; s'il en est ainsi, l'excès d'émission auquel l'admission de ces valeurs à l'escompte a donné lieu, persiste.

D'une manière générale, les effets en souffrance sont par eux-mêmes une cause d'excès d'émission.

Lorsque, en effet, une valeur tombe en souffrance, la quantité de monnaie qui devait rentrer à la Banque par l'acquittement de cette valeur, reste dans la circulation, où elle est retenue non par les besoins des échanges, mais par cette seule considération que l'industriel qui devait l'en retirer a anéanti, en faisant de mauvaises affaires, le capital nécessaire à ce retrait ; cet industriel devait donner un certain capital au pays et retirer une certaine quantité de monnaie de la circulation : il manque à cette double obligation.

C'est ainsi qu'en temps de crise, l'existence d'une somme importante d'effets en souffrance peut être une cause d'excès d'émission.

Les avances à l'État peuvent aussi avoir pour résultat d'accroître l'émission des billets au delà des besoins de la

circulation. Une banque trop facile en présence d'un gouvernement aux abois, peut se transformer pour lui en machine à assignats. Les billets émis pour opérer ces avances
n'ont plus pour objet de venir en aide à la masse totale des
échanges du pays; ils ne servent qu'à solder les dettes d'une
individualité, l'État; et, ces dettes soldées, la circulation se
trouve bientôt surchargée si, dans un délai restreint, l'État
ne lui enlève cet excédant pour rembourser la Banque.

Les avances de la Banque d'Angleterre à l'État, avances
le plus souvent payées en banknotes, furent la cause essentielle des excès d'émission commis sous le régime du cours
forcé de la période 1797-1821.

L'hypothèse que j'ai admise ne doit donc pas être réalisée
sous le régime du cours légal; il ne faut pas que la Banque
ne délivre que des billets de banque. Il importe, au contraire,
qu'elle soit toujours prête à déverser des espèces métalliques
dans la circulation.

Je n'ai examiné jusqu'à présent que des causes actives.
L'excès d'émission peut encore se produire d'une manière
passive :

J'ai dit que les quantités respectives d'espèces métalliques
et de billets de banque composant la circulation totale doivent avoir entre elles un certain rapport pour que le pair
existe entre le billet et le métal. On peut appeler ce rapport,
le *rapport du pair*.

En temps normal, le rapport du pair peut être moindre

que dans les temps difficiles, de telle sorte que tel rapport qui, hier, maintenait le pair entre les deux monnaies, ne le maintient plus aujourd'hui. L'excès d'émission, en ce cas, est dû à une diminution de la confiance publique.

Les conditions diverses dans lesquelles l'excès des émissions peut se produire imposent à la Banque le devoir d'être toujours attentive à l'état de la circulation. Non seulement elle doit, dès que la dépréciation du billet de banque se manifeste, déverser les espèces métalliques nécessaires au rétablissement du pair entre les deux monnaies, mais il faut, puisqu'elle connaît les causes qui produisent l'excès d'émission, qu'elle les empêche autant que possible de surgir.

Ainsi, lorsque la Banque jugera que la circulation est saturée de billets, elle délivrera de sa propre initiative des espèces métalliques.

Lorsqu'elle fera des avances importantes à l'État, elle les constituera en espèces et billets pris dans un rapport tel que les quantités délivrées ne puissent troubler l'équilibre existant dans la circulation entre les deux monnaies.

Enfin, à l'approche des temps difficiles, elle déversera des espèces métalliques dans la circulation pour combattre toute tendance à la dépréciation.

Les mesures préventives, en pareil cas, sont très efficaces. Si le rapport du pair est, en temps normal, de 4/3, par exemple, la Banque n'aura à augmenter que faiblement ce rapport à l'approche des moments difficiles, pour maintenir le pair des deux monnaies. Le billet, en effet, ne commence à être déprécié que lorsqu'on craint son abondance par rapport au métal; produire l'abondance du métal est donc le moyen le plus sûr d'éloigner cette crainte.

Si, au contraire, quand les moments difficiles surviennent, la Banque abandonnait le rapport du pair à lui-même sans venir à son secours, ce rapport du pair diminuerait de plus en plus, et la Banque aurait de plus grands efforts à faire, pour arrêter cette diminution, qu'elle n'eût dû en mettre en jeu, au début, pour l'empêcher de se produire.

### IV. — Du billet de banque considéré comme monnaie.

« Une banque n'a atteint complétement son but, disait Mollien dans une Note sur les banques commerciales qu'il remit au Premier Consul en 1802, que lorsque sa monnaie artificielle a une identité parfaite de valeur avec la monnaie réelle. »

Cette proposition, très-juste, a une conséquence nécessaire : pour que le billet de banque soit une monnaie parfaite, il faut instituer le cours légal.

La faculté de refuser les billets de banque dans les paiements présente des inconvénients graves :

Le billet n'étant pas monnaie légale, n'est pas employé dans une grande quantité d'échanges, et entr'autres dans ceux de la campagne. Par cette raison, il arrive qu'un créancier ne veuille pas recevoir des billets, dans la crainte de ne pouvoir à son tour les faire accepter pour le paiement de ses dettes. Le détenteur de billets de banque doit donc souvent transformer ses billets en espèces, dans le seul but de satisfaire les convenances de ses créanciers. Cette obligation est gênante et onéreuse.

La condition de payer en espèces métalliques devient surtout une charge lorsque les sommes dues doivent être transportées. Ces transports occasionnent des frais et font courir des risques.

Les Compagnies de chemins de fer ont éprouvé et éprouvent chaque jour ces inconvénients dans la liquidation des comptes auxquels donnent lieu leurs expropriations de terrains. Pour payer les propriétaires de la campagne, elles doivent souvent faire provision d'espèces métalliques, et opérer une distribution lente et difficile.

« Quelle cause, dit J.-B. Say [1], fait que le public accorde sa confiance aux billets d'une banque et les reçoit en paiement à l'égal de la monnaie? C'est la persuasion où chacun est qu'il peut à chaque instant et sans peine les échanger, s'il veut, contre de la monnaie. »

Sous le régime du cours légal, il en sera de même; le billet, au lieu d'être à vue sur la Banque, sera à vue sur la circulation. Dans ces conditions, l'échange du billet contre espèces sera encore plus facile.

« Comme l'argent est le signe des valeurs des marchandises, dit Montesquieu [2], le papier est un signe de la valeur

[1] *Traité d'Économie politique,* liv. I, chap. XXX.
[2] *Esprit des Lois.*

de l'argent, et lorsqu'il est bon, il le représente tellement
que, quant à l'effet, il n'y a point de différence. »

Montesquieu établit ainsi une identité parfaite entre le
bon papier de banque et l'argent.

La bonté du papier de banque est-elle due à ce que ce
papier est remboursable à vue et au porteur? Non ; il ne
faut pas confondre l'effet avec la cause. La solidité de la
Banque, telle est la cause de la bonté du papier. Cette cause
a pour effet, aujourd'hui, le remboursement à vue ; sous le
régime du cours légal, elle aura pour effet le non remboursement et l'échange légal.

L'écu sert de monnaie, non parce qu'il est formé de métal
précieux, mais parce qu'il doit à des circonstances diverses
(rareté du métal dans la nature, prix de revient, propriétés
physiques, etc.) de posséder une valeur en échange. Le
billet d'une banque solide peut, de même, servir de monnaie,
parce qu'il doit à la solidité de la Banque de posséder une
valeur en échange. La valeur intrinsèque étant toutefois
l'élément le plus important de la valeur en échange, il est
nécessaire d'en tenir compte : sous ce rapport, il y a entre
l'écu et le billet cette différence que l'écu porte avec soi sa
valeur intrinsèque, et que le billet, pour circuler avec plus de
légèreté, a laissé sa valeur intrinsèque en dépôt à la Banque.

Ricardo a admis que le papier de banque, quand il est
bon, peut être considéré comme monnaie, car il a dit (1) :

(1) Ricardo. — *Principes de l'Économie politique.* Chap. XXVII.

« La monnaie est dans l'état le plus parfait quand elle se compose uniquement de papier, mais d'un papier dont la valeur est égale à la somme d'or qu'il représente. »

« Il est de l'essence de la monnaie, a dit Huskisson, d'avoir une valeur intrinsèque : le billet de banque est évidemment dépourvu d'une valeur intrinsèque. »

Rien ne justifie la proposition dont cette conclusion émane. Cette proposition est une assertion gratuite.

Il serait peut-être plus exact de dire : Il est de l'essence de la monnaie d'avoir une valeur en échange constante et permanente. Si donc le cours légal est institué de telle sorte que le billet de banque ait toujours une telle valeur, le billet de banque sera dans son essence une monnaie.

### V. — De l'indépendance de la Banque vis-à-vis de l'État.

La direction de toutes les affaires de la Banque est exercée par un Gouverneur et deux Sous-Gouverneurs.

La Banque est administrée par quinze Régents, et surveillée par trois Censeurs.

Le Gouverneur et les deux Sous-Gouverneurs sont nommés par le Chef de l'État. Ils jurent de *bien et fidèlement diriger les affaires de la Banque conformément aux lois et Statuts.*

Les Régents et Censeurs sont nommés par l'Assemblée générale. Cinq Régents et les trois Censeurs sont manufacturiers ou commerçants. Trois Régents sont Receveurs généraux.

Les Gouverneur, Sous-Gouverneurs, Régents et Censeurs réunis forment le Conseil général de la Banque.

Le Gouverneur préside.

Les Censeurs n'ont point voix délibérative au Conseil.

Le Conseil général fait choix des effets qui pourront être pris à l'escompte.

Il délibère, sur la proposition du Gouverneur, tous traités généraux et conventions.

Il statue sur la création et l'émission des billets de la Banque.

Il veille à ce que la Banque ne fasse d'autres opérations que celles déterminées par la loi et selon les formes réglées par les Statuts.

Les arrêtés se prennent à la majorité absolue.

Toute délibération ayant pour objet la création ou l'émission de billets de banque doit être approuvée par les Censeurs.

Le refus unanime des Censeurs en suspend l'effet.

Nulle délibération ne peut être exécutée, si elle n'est revêtue de la signature du Gouverneur.

Ce système mixte donne, au point de vue des garanties directes, satisfaction aux vœux les plus légitimes.

Trois intérêts sont en jeu dans la question : celui des

actionnaires, celui du Trésor public et celui du pays.

Si l'intérêt des actionnaires est en opposition avec l'intérêt du pays, les représentants du gouvernement interviennent dans le Conseil général et pèsent sur ses décisions, non seulement par leur vote, mais par l'influence morale qu'ils exercent à juste titre en parlant au nom du bien public.

Si le Gouvernement, à son tour, propose en faveur du Trésor des mesures dont l'adoption n'entre pas dans les vues de la Banque, les Régents, représentants directs de cette institution, peuvent faire prédominer leur opinion dans les délibérations du Conseil.

L'organisation actuelle de la Banque présente donc un système de contre-poids qui tend à maintenir un juste équilibre entre les divers intérêts groupés autour d'elle.

Le choix des personnes augmente les garanties de ce maintien. Nommés par l'État ou par l'Assemblée générale, les hommes distingués par la probité et l'intelligence qui forment le Conseil général de la Banque, savent se rallier, dans leurs délibérations, malgré leur origine distincte, sous le drapeau commun de l'intérêt général.

D'ailleurs, les trois Censeurs, peuvent opposer leur *veto* à toute émission de billets, et mettre ainsi la Banque à l'abri d'opérations qui auraient pour résultat de l'entraîner dans un excès d'émission.


Il n'y a donc pas lieu de modifier l'organisation actuelle de la Banque. Cette organisation concilie autant que possible l'indépendance de l'institution avec la surveillance de l'autorité.

La question de l'indépendance de la Banque a, du reste, été déjà mûrement examinée :

En 1814, la Banque de France, impatiente d'assurer d'une manière complète son libre arbitre, présenta au gouvernement nouveau un projet de modifications aux lois et décrets qui déterminaient son régime. Ce projet demandait, entre autres dispositions, que les Gouverneur et Sous-Gouverneurs fussent nommés par l'Assemblée générale des actionnaires sur la proposition du Conseil général. « Le projet arrêté par le Conseil général, disait M. Lafitte, Gouverneur provisoire, à l'Assemblée générale du 29 janvier 1818... a été discuté contradictoirement avec des Commissaires nommés par le Ministre. Cette discussion a laissé au Conseil général toutes ses espérances. La hausse du cours des actions démontre évidemment qu'elles sont partagées par le public. »

Malgré les instances de la Banque, l'ancien régime fut maintenu ; en 1821, M. le duc de Gaëte fut nommé Gouverneur en remplacement du Gouverneur provisoire.

Le Gouvernement de la Restauration prouva, par son respect constant pour le libre arbitre de la Banque de France, qu'il n'avait aucun intérêt direct à conserver ce régime ; s'il eût considéré les modifications sollicitées par elle comme utiles au bien public, il les eût acceptées ; puisque, au contraire, il maintint l'organisation ancienne, il faut admettre qu'il ne pouvait en créer une meilleure.

Cette organisation, il est vrai, n'a pu donner à la Banque une force suffisante pour résister, sous le premier Empire, aux exigences du Trésor public. Mais le sentiment de la légalité était trop peu développé à cette époque ; il est aujourd'hui trop enraciné dans l'esprit des masses et dans la pensée des gouvernements, pour que les actes d'autorité d'alors puissent se reproduire. D'ailleurs, aujourd'hui, les traités passés entre le Trésor et la Banque de France, pour avances à l'État, sont préalablement soumis à la sanction des pouvoirs législatifs. Ainsi, lorsque, en 1848, l'État emprunta 150 millions à la Banque de France, le traité intervenu à l'occasion de ce prêt entre le Ministre des finances et le Gouverneur de la Banque fut ratifié et rendu exécutoire par le décret du 5 juillet 1848 et la loi du 19 novembre 1849. La latitude de 150 millions accordée par ce traité fut, de même, réduite à 75 millions par la loi du 6 août 1850. La sagesse des gouvernements a donc accru les garanties que les lois et décrets offraient déjà à l'indépendance de la Banque de France. Dans les conditions actuelles, ces garanties ne sauraient être plus complètes.

Cependant, comme je l'ai déjà dit, la théorie que j'essaie d'établir embrasse des périodes séculaires; il est donc important, pour donner une entière satisfaction à l'opinion publique, de spécifier l'intervention, d'ailleurs existante, des pouvoirs législatifs dans les rapports de la Banque avec l'État, par un article de loi.

## CHAPITRE X. — CONCLUSIONS.

### I

Pour que l'institution du cours légal soit accueillie avec faveur, il importe de donner à l'opinion publique des garanties qui assurent le succès de ce nouveau régime.

Ces garanties se résument en quelques mots : il faut placer la Banque dans des conditions qui rendent tout excès d'émission impossible.

Si ce résultat est atteint, la cause unique de la dépréciation des billets ne pouvant surgir, la France jouira des avantages du cours légal et sera à l'abri des ravages que les abus d'émission ont causés en divers pays et en divers temps.

J'examinerai successivement les conditions diverses remplies et à remplir pour qu'il en soit ainsi :

La Banque doit jouir de son indépendance sous la surveillance de l'autorité.

J'ai montré qu'elle remplit d'une manière à peu près complète cette double condition :

La surveillance de l'autorité est exercée de la manière la plus active par l'intervention directe du Gouverneur dans toutes les affaires de la Banque.

L'indépendance de l'institution est inscrite dans les lois, décrets et statuts qui déterminent son régime.

Les pouvoirs législatifs, en intervenant dans les opérations de l'État avec la Banque, entourent cette indépendance de garanties nouvelles ; les émissions nécessitées par les avances à l'État devant être consenties à la fois par la Banque et par les représentants du pays, ce double consentement n'est accordé que si l'intérêt général le sollicite ; le pays, juge par ses représentants de l'opportunité des avances à faire au Trésor public, ne peut donc craindre les effets ultérieurs de ses propres décisions.

J'ai dit cependant qu'il importe de spécifier en droit ces garanties nouvelles, qui existent aujourd'hui en fait ; je propose donc de prescrire, par un article de loi, que, au-dessus d'une certaine somme, d'ailleurs importante, les avances faites par la Banque à l'État devront être autorisées par des lois.

Les Banques, dans le désir d'augmenter leurs bénéfices, ont souvent étendu leurs opérations au delà des limites de la prudence : l'intérêt les a conduites dans la voie des émissions exagérées.

La Banque de France, devenue par l'institution du cours légal le dépositaire d'une partie de la monnaie métallique du pays, ne pourrait-elle pas abuser un jour de ce dépôt dans l'intérêt de ses Actionnaires ?

On pourrait, pour justifier cette crainte, invoquer des souvenirs historiques : la Banque d'Amsterdam, que j'ai citée précédemment comme un exemple de sagesse et de fidélité, ne fut pas toujours sage et fidèle : tentée par la possession stérile des trésors qui lui étaient confiés, elle les prêta, à l'insu des dépositaires, aux provinces, aux villes, aux Compagnies, afin d'accroître l'importance de ses revenus. Lorsque, en 1794, les Français envahirent la Hollande, les dépôts furent réclamés en masse, la Banque ne put les restituer et fit banqueroute.

Cet exemple suffirait pour démontrer que les Banques ne doivent pas compromettre dans des entreprises leurs capitaux métalliques, si, comme je l'ai fait ressortir précédemment, le crédit et la circulation ne devaient trouver des avantages de premier ordre dans l'existence à la Banque de ces capitaux métalliques, inertes et improductifs par eux-mêmes.

D'ailleurs, les besoins métalliques du pays étant limités, toute quantité métallique en excès de ces besoins doit être nécessairement improductive. L'anomalie de capitaux métalliques stériles à la Banque lorsqu'il semblerait si aisé de les faire fructifier au dehors, n'est donc qu'apparente.

Mais d'autres considérations viennent attester que la Banque de France ne saurait se laisser entraîner à des opérations hasardeuses :

On est aujourd'hui expérimenté en matière de banque ; on sait que lorsqu'une banque, en vue d'exagérer ses bénéfices, devient aventureuse, les pertes dues aux mauvaises créances absorbent les bénéfices résultant du surcroît d'opérations.

On sait aussi que tout excès d'émission est nécessairement suivi de la dépréciation des billets.

Une grande institution, jalouse de conserver l'autorité morale et la puissance conquises au prix d'une longue sa-

gesse, ne saurait donc les compromettre en entrant de plein
gré dans une voie fatale.

D'ailleurs, la Banque de France a toujours, par la marche
naturelle de ses opérations, réalisé de grands bénéfices ([1]).
L'absence de toute préoccupation à l'égard de ses actionnaires lui permet de se dévouer entièrement aux intérêts du
pays.

En définitive, que faut-il pour que la Banque ne soit pas
entraînée par ses opérations dans un excès d'émission? Il
importe qu'elle ne fasse entrer dans son portefeuille que de
très bonnes valeurs, d'une réalisation assurée. Sous ce rapport, l'organisation puissante des Conseils d'escompte, à
laquelle la Banque a dû essentiellement, jusqu'à ce jour, son
crédit et ses succès, est la meilleure garantie des destinées
futures de l'institution.

En admettant même un instant qu'il entrât dans les desseins de la Banque de donner un développement excessif à
ses opérations, le Gouverneur de la Banque, défenseur des
intérêts généraux du pays, mettrait bientôt, par son intervention directe, un frein à cette tendance.

Néanmoins, puisque le maintien de l'émission en de justes
limites est la base de l'édifice du cours légal, on ne saurait
assez la consolider.

Pénétré de cette pensée, je considère que, pour donner au

([1]) Voir Tableau D.

pays toutes les satisfactions possibles et obtenir en retour sa confiance absolue, il importe d'ajouter aux garanties précédentes, en l'appelant, par ses représentants, à apprécier l'opportunité des émissions, en prescrivant que les limites imposées aux émissions de la Banque seront déterminées par des lois ; la Banque, lorsqu'elle croira utile de dépasser la dernière limite assignée à ses émissions, proposera une limite nouvelle ; les pouvoirs législatifs décideront.

## II

Résumant la discussion qui fait l'objet de ce livre, je propose l'adoption d'une loi contenant les dispositions suivantes :

I. — LES BILLETS ÉMIS PAR LA BANQUE DE FRANCE SONT DÉSORMAIS ADOPTÉS PAR L'ÉTAT COMME MONNAIE DANS TOUTE L'ÉTENDUE DE L'EMPIRE.

A ce titre, ils ont cours légal dans les échanges. En outre, ces billets jouissant désormais d'une valeur propre, la Banque n'est plus tenue de les échanger contre la monnaie métallique.

II. — AU-DESSUS D'UNE SOMME DE (à déterminer), LES PRÊTS OU AVANCES DE LA BANQUE A L'ÉTAT, QUELLE QU'EN SOIT LA FORME, N'ONT LIEU QU'EN VERTU D'UNE LOI.

III. — L'ÉMISSION DES BILLETS DE BANQUE EST TOUJOURS CONTENUE DANS LES LIMITES FIXÉES PAR LA LOI.

III

Je présente ces dispositions comme renfermant la solution aux difficultés croissantes que les grandes banques privilégiées éprouvent dans leurs rapports avec le crédit et la circulation.

A ce double point de vue, l'institution du cours légal offrira au pays de grands avantages :

Le commerce et l'industrie trouveront toujours du crédit à la Banque en échange de garanties solides. Ce crédit leur sera accordé dans des conditions favorables et constantes.

Ils y trouveront de même, en tout temps, les espèces métalliques nécessaires à leurs transactions.

D'un autre côté, le billet de banque étant désormais monnaie légale, sera toujours accepté dans les échanges. Son usage se répandra dans la circulation; toutes les classes de citoyens seront appelées à jouir des avantages qu'il procure.

Dans les temps de crise surtout, l'institution du cours légal permettra à la Banque de rendre de grands services au pays :

Le négociant ou industriel nanti de valeurs solides,

impuissant à les réaliser en monnaie et pressé par l'échéance
de ses engagements, sera certain de trouver à la Banque
l'avance de fonds qui, seule, peut le sauver du péril qui le
menace.

Quand une crise violente éclate, on sait avec quelle
effrayante rapidité les maisons de commerce, liées les unes
aux autres par la solidarité étroite que le crédit établit entre
elles, tombent de proche en proche dès que l'une d'elles a
donné le signal. La Banque, en venant largement au secours
de ces maisons dès leurs premiers embarras, arrêtera le
mal à son origine, et empêchera la ruine de se propager au
cœur du pays.

De même, le capitaliste, au lieu de vendre dans un moment où toutes les valeurs sont dépréciées, les titres dont
il est détenteur pour se procurer la monnaie nécessaire
à ses échanges, empruntera cette monnaie à la Banque sur
le dépôt de ses titres. La Banque, d'ailleurs garantie par
des valeurs sûres, aura les moyens d'opérer ses avances
avec toute la largeur commandée par les besoins des emprunteurs. Cette institution offrira un grand spectacle lorsque, calme et inébranlable au milieu d'une crise, elle deviendra le dépositaire de la richesse du pays pour la préserver
de la dépréciation, et la restituer intacte, au retour des
jours meilleurs, à ses possesseurs légitimes.

Il importe de ne pas perdre de vue, dans l'énumé-
ration de ces divers avantages, que sous son régime actuel

la Banque de France serait impuissante en face d'une crise.

Il importe aussi de remarquer que, dans la théorie que j'ai développée, l'institution du cours légal, l'élévation du billet de banque au rang de monnaie, est fondée sur la confiance publique, appuyée elle-même sur les plus solides garanties. Le principe paraîtra rationnel, car il sert de base à la constitution des gouvernements politiques; c'est par la confiance publique que les gouvernements vivent, que leur autorité est respectée, que l'ordre règne : édifier le grand régulateur du crédit en France sur la confiance publique, c'est lui donner la seule base compatible avec sa nature et la grandeur de sa mission.

Cette confiance d'ailleurs se justifie par les raisons que j'ai exposées : la valeur du billet de banque, aujourd'hui garantie par le remboursement en métaux précieux, sera désormais garantie par la solidité intrinsèque d'une vaste institution, solidité éprouvée par soixante années d'existence, par les crises, les révolutions; en un mot, par les causes de destruction les plus actives; solidité d'ailleurs accrue, s'il est possible, par un surcroît de mesures essentiellement tutélaires et conservatrices.

Je présenterai, en terminant, une considération qui ressort de l'étude même des faits :

En étudiant les banques de circulation, comme j'ai essayé de le faire sur l'exemple spécial de la Banque de France, on reconnaît que, malgré les services qu'elles rendent, malgré les succès de leurs opérations, ces institutions obéissent, sous leur régime actuel, à des principes discordants, qui engendrent des anomalies et créent un certain antagonisme entre les intérêts divers qu'elles ont pour mission de protéger.

Au contraire, avec une banque placée sous le régime du cours légal, les principes concordent; l'ordre, l'harmonie règnent dans leurs applications; la lutte des intérêts cesse, les difficultés s'évanouissent; une voie nouvelle est ouverte; l'institution, guidée par l'expérience et la sagesse, y entre et devient bientôt la source inépuisable et constante du crédit, l'aliment et le régulateur de la circulation; elle offre, en un mot, au commerce et à l'industrie, les moyens les plus efficaces de féconder la richesse et d'accroître la prospérité du pays.

Ce contraste me paraît de nature à justifier les principes sur lesquels j'ai basé ma théorie.

J'ai essayé de démontrer la nécessité de réformer le régime actuel de la Banque de France :

Les gouvernements, comme les individus, doivent, pour juger sainement, être libres de toute passion. C'est dans le calme d'une situation normale et prospère qu'il faut prévoir l'éventualité des mauvais jours, et faire, en vue de ces époques critiques, des lois préservatrices. Le cours légal, institué dans de telles conditions, sera le gage de la sécurité de l'avenir.

TABLEAUX

# Tableau A.

OPÉRATIONS DE LA BANQUE DE FRANCE. — 1800-1861.

| ANNÉES | ESCOMPTE de papier de COMMERCE. | TOTAL des OPÉRATIONS de LA BANQUE. | RAPPORT des quantités escomptées au commerce au montant total des opérations | MOUVEMENT GÉNÉRAL | | | |
|---|---|---|---|---|---|---|---|
| | | | | DES ESPÈCES. | DES BILLETS. | DES VIREMENTS | TOTAL. |
| | millions. | millions. | | millions. | millions. | millions. | millions. |
| 1800 | 112 | » | » | ? | ? | » | 577 |
| 1801 | 243 | » | » | ? | ? | » | 1,236 |
| 1802 | 450 | » | » | ? | ? | » | 2,684 |
| 1803 | 541 | » | » | ? | ? | »· | 3,560 |
| 1804 | 503 | » | » | ? | ? | » | 3,650 |
| 1805 | 631 | » | » | ? | ? | » | 4,247 |
| 1806 | 255 | » | » | ? | ? | » | 2,803 |
| 1807 | 334 | » | » | ? | ? | » | 3,869 |
| 1808 | 588 | » | » | ? | ? | » | 3,808 |
| 1809 | 576 | » | » | ? | ? | » | 3,943 |
| 1810 | 748 | » | » | ? | ? | » | 4,165 |
| 1811 | 394 | » | » | 634 | 2,660 | » | 3,294 |
| 1812 | 437 | » | » | 415 | 2,423 | » | 2,838 |
| 1813 | 661 | » | » | 534 | 2,830 | » | 3,361 |
| 1814 | 88 | » | » | 730 | 2,192 | » | 2,922 |
| 1815 | 204 | » | » | ? | ? | » | 3,312 |
| 1816 | 352 | » | » | ? | ? | » | 4,577 |
| 1817 | 547 | » | » | 535 | 7,141 | » | 7,676 |
| 1818 | 727 | » | » | 632 | 9,022 | » | 9,655 |
| 1819 | 390 | » | » | 459 | 6,247 | » | 6,706 |
| 1820 | 304 | » | » | 249 | 6,407 | » | 6,655 |
| 1821 | 384 | » | » | 546 | 7,049 | » | 7,597 |
| 1822 | 395 | » | » | 544 | 7,903 | » | 8,448 |
| 1823 | 320 | » | » | 549 | 8,576 | » | 9,125 |
| 1824 | 489 | » | » | 567 | 8,898 | » | 9,465 |
| 1825 | 638 | » | » | 580 | 7,652 | » | 8,233 |
| 1826 | 689 | » | » | 547 | 6,362 | 1,404 | 6,909 |
| 1827 | 624 | » | » | 535 | 5,876 | 2,006 | 6,411 |
| 1828 | 407 | » | » | 566 | 6.114 | 2,077 | 6,677 |
| 1829 | 434 | » | » | 553 | 6,662 | 1,762 | 8,977 |
| 1830 | 617 | » | » | 624 | 4,882 | 4,764 | 10,270 |
| 1831 | 222 | » | » | 646 | 3,878 | 2,727 | 7,221 |
| 1832 | 151 | » | » | 573 | 3,598 | 2,450 | 6,622 |
| 1833 | 240 | » | » | 625 | 3,932 | 2,652 | 7,209 |
| 1834 | 317 | » | » | 640 | 4,080 | 2,973 | 7,693 |
| 1835 | 445 | » | » | 647 | 4,271 | 2,851 | 7,739 |
| 1836 | 759 | 973 | 0,780 | 662 | 4,723 | 2,658 | 8,043 |
| 1837 | 754 | 939 | 0,803 | 675 | 4,550 | 2,425 | 7,652 |
| 1838 | 802 | 974 | 0,823 | 720 | 3,775 | 2,671 | 7,166 |
| 1839 | 1,047 | 1,454 | 0,720 | 757 | 3,899 | 2,822 | 7,478 |

| ANNÉES | ESCOMPTE de papier de COMMERCE. | TOTAL des OPÉRATIONS de LA BANQUE. | RAPPORT des quantités escomptées au commerce au montant total des opérations | MOUVEMENT GÉNÉRAL | | | |
|---|---|---|---|---|---|---|---|
| | | | | DES ESPÈCES. | DES BILLETS. | DES VIREMENTS | TOTAL. |
| | millions. | millions. | | millions. | millions. | millions. | millions. |
| 1840 | 928 | 1,464 | 0,635 | 767 | 4,044 | 6,562 | 11,373 |
| 1841 | 886 | 1,242 | 0,731 | 752 | 3,945 | 5,586 | 10,283 |
| 1842 | 944 | 1,035 | 0,912 | 743 | 3,865 | 5,517 | 10,125 |
| 1843 | 772 | 1,083 | 0,713 | 721 | 3,894 | 5,382 | 9,998 |
| 1844 | 749 | 1,131 | 0,662 | 758 | 4,248 | 6,233 | 11,239 |
| 1845 | 1,003 | 1,499 | 0,668 | 839 | 5,115 | 9,143 | 15,097 |
| 1846 | 1,618 | 1,727 | 0,936 | 883 | 5,374 | 8,611 | 14,868 |
| 1847 | 1,808 | 1,854 | 0,975 | 944 | 5,093 | 8,177 | 14,214 |
| 1848* | 1,643 | 1,769 | 0,929 | 621 | 4,723 | 5,933 | 11,277 |
| 1849 | 1,026 | 1,216 | 0,843 | 881 | 3,193 | 7,024 | 11,099 |
| 1850 | 1,176 | 1,369 | 0,859 | 670 | 3,884 | 6,999 | 11,553 |
| 1851 | 1,241 | 1,458 | 0,851 | 960 | 4,793 | 8,163 | 13,917 |
| 1852 | 1,824 | 2,541 | 0,718 | 795 | 5,683 | 15,533 | 22,010 |
| 1853 | 2,843 | 3,964 | 0,718 | 1,536 | 7,488 | 17,025 | 26,049 |
| 1854 | 2,945 | 3,889 | 0,757 | 1,794 | 7,769 | 15,530 | 25,000 |
| 1855 | 3,762 | 4,863 | 0,773 | 2,057 | 9,149 | 19,154 | 30,000 |
| 1856 | 4,674 | 5,809 | 0,804 | 2,149 | 10,029 | 23,472 | 35,500 |
| 1857 | 5,582 | 6,065 | 0,923 | 2,261 | 9,830 | 20,518 | 35,650 |
| 1858 | 4,163 | 5,214 | 8,800 | 1,882 | 8,821 | 19,935 | 30,637 |
| 1859 | 4,696 | 6,167 | 0,761 | 2,762 | 10,396 | 12,064 | 25,222 |
| 1860 | 4,960 | 6,341 | 0,782 | 2,635 | 9,998 | 11,488 | 24,122 |
| 1861 | 5,311 | 6,557 | 0,810 | 1,736 | 9,999 | 11,666 | 23,401 |

\* Réunion des banques départementales à la Banque de France.

## Tableau B.

### ENCAISSE ET ÉMISSION. — 1800-1861.

| ANNÉES | ENCAISSE | | ÉMISSION | | VARIATION MAXIMUM | |
|---|---|---|---|---|---|---|
| | MAXIMUM. | MINIMUM. | MAXIMUM. | MINIMUM. | DE L'ENCAISSE | DE L'ÉMISSION. |
| | millions. | millions. | millions. | millions. | millions. | millions. |
| 1800 | 11 | 6 | 23 | 9 | 5 | 11 |
| 1801 | 10 | 6 | 25 | 17 | 4 | 8 |
| 1802 | 15 | 4 | 46 | 11 | 11 | 35 |
| 1803 | 18 | 6 | 58 | 30 | 12 | 28 |
| 1804 | 25 | 5 | 70 | 54 | 20 | 16 |
| 1805 | 23 | 1 | 79 | 64 | 22 | 18 |
| 1806 | 68 | 53 | 77 | 48 | 15 | 29 |
| 1807 | 84 | 64 | 108 | 75 | 20 | 33 |
| 1808 | 80 | 50 | 108 | 83 | 30 | 25 |
| 1809 | 56 | 34 | 103 | 86 | 22 | 17 |
| 1810 | 50 | 32 | 117 | 90 | 22 | 27 |
| 1811 | 124 | 31 | 120 | 55 | 93 | 63 |
| 1812 | 117 | 29 | 134 | 81 | 88 | 53 |
| 1813 | 39 | 12 | 95 | 50 | 27 | 45 |
| 1814 | 81 | 6 | 60 | 11 | 75 | 49 |
| 1815 | 93 | 19 | 74 | 17 | 74 | 54 |
| 1816 | 79 | 27 | 79 | 56 | 52 | 23 |
| 1817 | 94 | 34 | 96 | 69 | 60 | 27 |
| 1818 | 118 | 34 | 126 | 87 | 84 | 39 |
| 1819 | 174 | 58 | 135 | 80 | 116 | 55 |
| 1820 | 218 | 162 | 172 | 122 | 56 | 50 |
| 1821 | 168 | 143 | 195 | 164 | 25 | 31 |
| 1822 | 198 | 147 | 246 | 166 | 51 | 50 |
| 1823 | 204 | 163 | 212 | 167 | 41 | 45 |
| 1824 | 169 | 128 | 252 | 194 | 41 | 58 |
| 1825 | 157 | 86 | 244 | 180 | 71 | 64 |
| 1826 | 119 | 88 | 200 | 175 | 31 | 25 |
| 1827 | 200 | 180 | 230 | 190 | 20 | 40 |
| 1828 | 240 | 182 | 240 | 179 | 58 | 31 |
| 1829 | 206 | 162 | 212 | 186 | 44 | 26 |
| 1830 | 172 | 104 | 238 | 212 | 80 | 26 |
| 1831 | 266 | 103 | 239 | 214 | 163 | 25 |
| 1832 | 281 | 216 | 253 | 181 | 65 | 72 |
| 1833 | 242 | 142 | 228 | 193 | 100 | 35 |
| 1834 | 181 | 119 | 222 | 192 | 62 | 26 |
| 1835 | 203 | 130 | 241 | 207 | 73 | 34 |
| 1836 | 192 | 89 | 234 | 196 | 103 | 35 |
| 1837 | 246 | 109 | 216 | 190 | 137 | 26 |
| 1838 | 298 | 208 | 227 | 195 | 90 | 32 |
| 1839 | 249 | 202 | 235 | 196 | 47 | 39 |

| ANNÉES | ENCAISSE | | ÉMISSION | | VARIATION MAXIMUM | |
|---|---|---|---|---|---|---|
| | MAXIMUM. | MINIMUM. | MAXIMUM. | MINIMUM. | DE L'ENCAISSE | DE L'ÉMISSION. |
| | millions. | millions. | millions. | millions. | millions. | millions. |
| 1840 | 250 | 206 | 251 | 201 | 44 | 50 |
| 1841 | 241 | 169 | 240 | 209 | 72 | 31 |
| 1842 | 229 | 174 | 247 | 215 | 45 | 32 |
| 1843 | 247 | 192 | 248 | 216 | 55 | 32 |
| 1844 | 279 | 234 | 271 | 233 | 45 | 38 |
| 1845 | 279 | 176 | 289 | 247 | 103 | 42 |
| 1846 | 252 | 90 | 311 | 243 | 162 | 68 |
| 1847 | 170 | 78 | 288 | 218 | 92 | 70 |
| 1848 | 260 | 115 | 390 | 235 | 165 | 155 |
| 1849 | 430 | 260 | 422 | 354 | 170 | 68 |
| 1850 | 515 | 430 | 442 | 368 | 85 | 74 |
| 1851 | 626 | 471 | 583 | 503 | 154 | 80 |
| 1852 | 610 | 500 | 690 | 427 | 110 | 263 |
| 1853 | 534 | 307 | 541 | 471 | 227 | 70 |
| 1854 | 500 | 276 | 527 | 429 | 224 | 98 |
| 1855 | 451 | 310 | 670 | 475 | 141 | 195 |
| 1856 | 294 | 159 | 667 | 585 | 135 | 82 |
| 1857 | 258 | 181 | 649 | 529 | 77 | 120 |
| 1858 | 595 | 243 | 733 | 548 | 352 | 185 |
| 1859 | 646 | 512 | 770 | 662 | 134 | 108 |
| 1860 | 526 | 411 | 801 | 704 | 115 | 97 |
| 1861 | 431 | 285 | 802 | 702 | 146 | 100 |

# Tableau D.

## BÉNÉFICES ET DIVIDENDES. — 1800-1861.

NOTA. — Le tableau C, *Rapports de la Banque de France avec l'État*, dressé d'après les comptes rendus, a été supprimé pour cause de lacunes trop multipliées.

| ANNÉES. | BÉNÉFICES NETS par semestres. | NOMBRES D'ACTIONS. | DIVIDENDES distribués. |
|---------|-------------------------------|--------------------|------------------------|
| 1800 (an VIII) | » | » | » |
| » | 724,050f 00c | 7,590 | 50f » c |
| 1801 (an IX) | 706,670 00 | ? | 50 » |
| » | 882,313 06 | ? | 50 » |
| 1802 (an X) | 1,294,837 24 | 30,000 | 43 06 |
| » | 1,561,171 53 | 30,000 | 52 03 |
| 1803 (an XI) | 1,758,490 21 | 30,000 | 55 » |
| » | 1,764,509 20 | 30,000 | 58 71 |
| 1804 (an XII) | 2,124,021 76 | 34,734 | 40 » |
| » | 2,064,915 67 | 34,944 | 40 » |
| 1805 (an XIII) | 2,158,906 75 | 44,834 | 35 » |
| » | 2,494,323 25 | 44,844 | 36 » |
| 1806 (an XIV) | 1,650,756 32 | 44,848 | 36 » |
| » | 1,513,252 06 | 44,857 | 36 » |
| Dernr trimestre, 100 j. | 1,004,909 03 | ? | 20 » |
| 1807 | 1,917,995 81 | ? | 39 » |
| » | 2,228,753 46 | 45,000 | 43 » |
| 1808 | 2,636,067 18 | 62,480 | 38 » |
| » | 2,767,884 08 | 73,449 | 35 » |
| 1809 | 3,512,970 00 | 86,740 | 37 » |
| » | 3,576,028 50 | 88,297 | 37 » |
| 1810 | 3,545,800 42 | 89,981 | 36 » |
| » | 3,780,000 » | 90,000 | 38 » |
| 1811 | 3,424,735 92 | ? | 35 » |
| » | 2,842,363 38 | ? | 31 » |
| 1812 | 3,207,518 80 | 90,000 | 33 75 |
| » | 3,545,239 24 | 90,000 | 36 » |
| 1813 | 3,995,745 14 | 90,000 | 39 « |
| » | 3,624,248 85 | 90,000 | 36 50 |
| 1814 | 2,605,269 41 | 90,000 | 30 » |
| » | 2,400,491 06 | 90,000 | 30 » |
| 1815 | 2,986,141 74 | 90,000 | 32 » |
| » | 3,003,062 83 | 90,000 | 32 » |
| 1816 | 3,584,173 71 | 90,000 | 36 » |
| » | 4,164,333 44 | 90,000 | 40 » |
| 1817 | 4,276,507 04 | 90,000 | 41 50 |
| » | 4,889,031 93 | 90,000 | 46 » |
| 1818 | 4,706,024 60 | 90,000 | 44 80 |
| » | 6,434,223 62 | 90,000 | 55 » |
| 1819 | 3,564,998 64 | 90,000 | 36 » |
| » | 2,707,057 50 | 90,000 | 30 » |

### Page 241

241

| ANNÉES. | BÉNÉFICES NETS par semestres. | NOMBRES D'ACTIONS. | DIVIDENDES distribués. |
|---|---|---|---|
| 1820 | 2,412,935ᶠ 33ᶜ | 90,000 | 30ᶠ »ᶜ |
| » | 3,318,463 30 | 90,000 | 34 50 |
| 1821 | 4,409,781 50 | 90,000 | 42 50 |
| » | 4,258,539 08 | 90,000 | 41 50 |
| 1822 | 4,185,412 02 | 90,000 | 41 » |
| » | 2,970,000 44 | 90,000 | 32 » |
| 1823 | 3,982,619 43 | 90,000 | 39 50 |
| » | 3,306,754 02 | 67,900 | 42 » |
| 1824 | 3,949,189 38 | 67,900 | 48 » |
| » | 3,555,152 69 | 67,900 | 44 » |
| 1825 | 3,993,612 35 | 67,900 | 49 » |
| » | 3,977,927 33 | 67,900 | 49 » |
| 1826 | 3,883,992 84 | 67,900 | 48 » |
| » | 3,417,793 27 | 67,900 | 43 50 |
| 1827 | 2,966,949 48 | 67,900 | 39 » |
| » | 2,554,930 49 | 67,900 | 35 » |
| 1828 | 2,447,303 04 | 67,900 | 34 » |
| » | 6,829,593 06 | 67,900 | 77 » |
| 1829 | 2,064,114 40 | 67,900 | 30 » |
| » | 2,445,493 49 | 67,900 | 34 » |
| 1830 | 3,269,196 85 | 67,900 | 42 » |
| » | 3,374,955 79 | 67,900 | 43 » |
| 1831 | 3,591,808 26 | 67,900 | 45 » |
| » | 2,729,662 27 | 67,900 | 36 » |
| 1832 | 2,874,503 69 | 67,900 | 38 » |
| » | 2,357,634 92 | 67,900 | 33 » |
| 1633 | 2,138,850 » | 67,900 | 34 » |
| » | 2,556,036 14 | 67,900 | 35 » |
| 1834 | 2,512,300 » | 67,900 | 37 » |
| » | 2,933,657 95 | 67,900 | 43 » |
| 1835 | 3,566,856 20 | 67,900 | 52 » |
| » | 3,182,271 20 | 67,900 | 46 » |
| 1836 | 3,443,787 72 | 67,900 | 50 » |
| » | 4,214,429 14 | 67,900 | 62 » |
| 1837 | 4,074,000 » | 67,900 | 60 » |
| » | 4,485,488 84 | 67,900 | 66 » |
| 1838 | 3,542,964 06 | 67,900 | 52 » |
| » | 4,210,140 54 | 67,900 | 62 » |
| 1839 | 4,820,900 » | 67,900 | 71 » |
| » | 4,988,874 50 | 67,900 | 73 » |
| 1840 | 4,788,330 » | 67,900 | 70 » |
| » | 4,727,783 98 | 67,900 | 69 » |
| 1841 | 4,448,625 36 | 67,900 | 61 » |
| » | 4,434,071 71 | 67,900 | 65 » |
| 1842 | 4,400,215 65 | 67,900 | 64 » |
| » | 4,909,326 29 | 67,900 | 72 » |
| 1843 | 4,527,862 05 | 87,900 | 66 » |
| » | 3,804,572 94 | 67,900 | 56 » |
| 1844 | 3,328,874 46 | 67,900 | 49 » |
| » | 3,938,529 42 | 67,900 | 58 » |

16

| ANNÉES. | BÉNÉFICES NETS par semestres. | NOMBRES D'ACTIONS. | DIVIDENDES distribués. |
|---|---|---|---|
| 1845 | 3,954,448f 67c | 67,900 | 58f » c |
| » | 5,093,799 33 | 67,900 | 75 » |
| 1846 | 5,439,245 71 | 67,900 | 80 » |
| » | 5,407,085 37 | 67,900 | 79 » |
| 1847 | 5,709,989 56 | 67,900 | 84 » |
| » | 6,315,557 36 | 67,900 | 94 » |
| 1848 | 2,737,500 » | 94,250 | 30 » |
| » | 4,176,895 79 | 94,250 | 45 » |
| 1849 | 4,937,775 54 | 94,250 | 54 » |
| » | 4,783,810 09 | 94,250 | 52 » |
| 1850 | 4,588,703 83 | 94,250 | 50 » |
| » | 4,668,426 12 | 94,250 | 54 » |
| 1851 | 5,048,750 » | 94,250 | 55 » |
| » | 4,562,500 » | 94,250 | 50 » |
| 1852 | 5,292,500 » | 94,250 | 58 » |
| » | 5,475,000 » | 94,250 | 60 » |
| 1853 | 6,387,500 » | 94,250 | 70 » |
| » | 7,670,022 54 | 94,250 | 84 » |
| 1854 | 10,234,089 52 | 94,250 | 112 » |
| » | 7,498,144 10 | 94,250 | 82 » |
| 1855 | 9,125,034 97 | 94,250 | 100 » |
| » | 9,125,349 73 | 94,250 | 100 » |
| 1856 | 12,508,488 37 | 94,250 | 137 » |
| » | 12,352,574 12 | 94,250 | 135 » |
| 1857 | 14,620,778 64 | 94,250 | 160 » |
| » | 15,904,843 26 | 182,500 | 87 » |
| 1858 | 12,045,000 » | 182,500 | 66 » |
| » | 8,760,000 » | 182,500 | 48 » |
| 1859 | 9,672,500 » | 182,500 | 53 » |
| » | 11,315,000 » | 182,500 | 62 » |
| 1860 | 12,410,000 » | 182,500 | 68 » |
| » | 13,140,000 » | 182,500 | 72 » |
| 1861 | 13,140,000 » | 182,500 | 72 » |
| » | 13,687,500 » | 182,500 | 75 » |

# TABLE DES MATIÈRES.

# DU MÊME AUTEUR :

### De l'abaissement des taxes télégraphiques en France.

1 broch. gr. in-8º, de xxii-72 pages.

Bordeaux. — Imprimerie G. Gounouilhou, rue Guiraude, 11.

www.ingramcontent.com/pod-product-compliance
Lightning Source LLC
Chambersburg PA
CBHW071635200326
41519CB00012BA/2304